哈佛這樣教談判力

增強優勢，談出利多人和的好結果

Getting to Yes

Negotiation Agreement without Giving in

by Roger Fisher

and William Ury

with Bruce Patton, editor

Revised Editions by Fisher, Ury, and Patton

劉慧玉譯

遠流出版公司

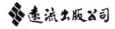

《實戰智慧館》

出版緣起

王榮文

在此時此地推出《實戰智慧館》，基於下列兩個重要理由：其一，臺灣社會經濟發展已到達了面對現實強烈競爭時，迫切渴求實際指導知識的階段，以尋求贏的策略；其二，我們的商業活動，也已從國內競爭的基礎擴大到國際競爭的新領域，數十年來，歷經大大小小商戰，積存了點點滴滴的實戰經驗，也確實到了整理彙編的時刻，把這些智慧留下來，以求未來面對更嚴酷的挑戰時，能有所憑藉與突破。

我們特別強調「實戰」，因為我們認為唯有在面對競爭對手強而有力的挑戰與壓力之下，為了求生、求勝而擬定的種種決策和執行過程，最值得我們珍惜。經驗來自每一場硬仗，所有的勝利成果，都是靠著參與者小心翼翼、步步為營而得到的。我們現在與未來最需要的是腳踏實地的「行動家」，而不是缺乏實際商場作戰經驗、徒憑理想的「空想家」。

我們重視「智慧」。「智慧」是衝破難局、克敵致勝的關鍵所在。在實戰中，若缺乏智慧的導引，只恃暴虎馮河之勇，與莽夫有什麼不一樣？翻開行銷史上赫赫戰役，都是以智取勝，才能建立起榮耀的殿堂。孫子兵法云：「兵者，詭道也。」意思也明指在競爭場上，智慧的重要性與不可取代性。

《實戰智慧館》的基本精神就是提供實戰經驗，啟發經營智慧。每本書都以人人可以懂的文字語言，綜述整理，為未來建立「中國式管理」，鋪設牢固的基礎。

遠流出版公司《實戰智慧館》將繼續選擇優良讀物呈獻給國人。一方面請專人蒐集歐、美、日最新有關這類書籍譯介出版；另一方面，約聘專家學者對國人累積的經驗智慧，作深入的整編與研究。我們希望這兩條源流並行不悖，前者汲取先進國家的智慧，作為他山之石；後者則是強固我們經營根本的唯一門徑。今天不做，明天會後悔的事，就必須立即去做。臺灣經濟的前途，或亦繫於有心人士，一起來參與譯介或撰述，集涓滴成洪流，為明日臺灣的繁榮共同奮鬥。

這套叢書的前五十三種，我們請到周浩正先生主持，他為叢書開拓了可觀的視野，奠定了紮實的基礎；從第五十四種起，由蘇拾平先生主編，由於他有在傳播媒體工作的經驗，更豐實了叢書的內容；自第一一六種起，由鄭書慧先生接手主編，他個人在實務工作上有豐富的操作經驗；自第一三九種起，由政大科管所教授李仁芳博士擔任策劃，希望借重他在學界、企業界及出版界的長期工作心得，能為叢書的未來，繼續開創「前瞻」、「深廣」與「務實」的遠景。

【目錄】

來自哈佛法學院的《哈佛這樣教談判力》，是近年來難得一見的強大工具書，三十年來已陸續改版三次，足見現代社會對於談判技巧與策略的需求孔急；及透過談判盱衡全局、折衝樽俎，有效擴大影響力的重要性。

我所身處的行業，恰巧是培養談判力與實地演練的絕佳環境，書中提及的多項談判戰術，相信對許多業務同仁大有幫助；但在兼顧雙方利益、採用客觀標準、擴大可能選項、創造替代方案的同時，更應堅守「義以為質，信以成之」的基本原則，才是個人、企業，乃至於整體社會、國家得以安身立命、和平永續的關鍵因素。

——信義房屋董事長**周俊吉**

房地產的買賣交易、老舊地區的都市更新均涉及龐大的金錢與利益，其中包括買賣雙方、仲介人員以及地主和實施者（建商）等各角色，有些人有相當談判經驗，但許多人都缺乏實際談判經驗，透過此書所教的「談判術」，相信對房地產交易與都市更新的順利進行，達到「雙贏」的結果，將有相當助益。

——台北市政府副市長&國立政治大學地政系特聘教授**張金鶚**

談判就不會是「與人無爭」，爭什麼?·爭一口氣是下策，爭共贏是中策，爭互信是上策。從《哈佛這樣教談判力》可獲得驗證。

——行政院政務委員**薛琦**

這是我讀過有關談判最棒的一本書。

——經濟學家**約翰・加爾布雷斯**（John Kenneth Galbraith）

在有關紛爭處理的文獻中，本書的地位不可一世。在影響實務者、教師、研究員和大眾趨近談判方面，恐怕再沒有另一本書有此影響力。

——**國家紛爭處理論壇**（National Institute for Dispute Resolution Forum）

談判入門書籍中，《哈佛這樣教談判力》之可讀性與實用性極高。面對個人、社群、企業的種種議題，我們無一不是談判者，都亟須鍛鍊自己處理衝突與談和的能力。這本簡明小書實為最佳起點。

——勞資關係系統理論大師約**翰・鄧勒普**（John T. Dunlop）

這本精彩著作能化敵為友，讓互相敵視的對打轉為共同解決問題的奮鬥。

——美國外交、政治家**艾弗瑞・哈里曼**（Averell Harriman）

《哈佛這樣教談判力》清晰易懂，教你化解任何處境帶來的衝突，指點你贏得目標卻不傷及感情。真希望我是本書作者！

——專欄作家**安・蘭德斯**（Ann Landers）

《哈佛這樣教談判力》強大，敏銳，充滿說服力，不是一堆取巧手法，而是明確的整體戰術。說它是最有用的教戰手冊恐怕也不為過！

——美國政治、外交家**艾略特・理查森**（Elliot Richardson）

這些概念很簡單，卻力量驚人，對國際事務貢獻良多，如今可造福眾人，是面對談判的一流建議。

——美國外交、政治家**賽勒斯・萬斯**（Cyrus Vance）

【推薦序1】

給我哈佛談判力，其餘免談

鄭致文

筆者為了鑽研談判這門學問，曾特地飛往美國波士頓參加哈佛大學談判專案中心（Program on Negotiation）的課程，並有幸能受教於《哈佛這樣教談判力》的合著者布魯斯·派頓（Bruce Patton），且獲益良多。本書自從初版至今已有三十年了，可是依舊年年熱銷。一九八一年起高掛美國《商業週刊》暢銷排行榜達三年之久。直到二〇〇七年，還被該週刊列為平裝書中最長銷的商業書籍之一。

談判學的必讀聖經

本書是哈佛商學院和法學院學生必讀教材，已授權三十五種語文版本，光是北美的銷售就超過數百萬本，至今仍是亞馬遜書店談判類銷售冠軍。本書英文版只有薄薄兩百頁，卻是現代談判學書籍的始祖。不管是初階的談判學習者，或者是談判高手，都應該人手一本，時時翻閱，找出談判的致勝關鍵。

全球談判的官方語言

當我在哈佛大學的談判課程中，有超過百位來自世界各地的菁英齊聚一堂，共同學習談判。光是見面寒暄，就有英國牛津大學、哥倫比亞大學等學校的教授，更有美國太空總署（NASA）及其他美國政府的官員，還有巴西的律師等等。每當我詢問其他學員為什麼要到哈佛來學談判？他們的共同反應就是，世界上除了哈佛大學談判專案中心，難道還有其他談判聖地嗎？

事實上，哈佛大學談判專案中心正是研究談判的唯一重鎮。全球許多的國際衝突與企業紛爭，都想方設法求助於哈佛大學談判專案中心。光是本書合著者布魯斯・派頓就經常協助富比士全球二〇〇〇大企業（Global 2000）與商業對手談判。他曾經在美伊人質事件中扮演調停人角色，並與諾貝爾和平獎得主阿里亞斯（Óscar Arias）共同策劃阿里亞斯中美洲和平計畫。

只要肯學習，就可練就哈佛談判力

多年來數千名學員走入我的教室學習哈佛談判力。其中有許多企業經理人、業務主管還有大學教授與學生。除了教授本書的中心思想與理論基礎，我更將哈佛談判力的精華——實境模擬的談判角色扮演融入教學中。所有教材融入台灣的本土情境，更讓學員深刻體驗哈佛談判力的威力與實質效果。課後學員更應用在真實世界中，面對顧客、供應商、仲介商、老闆與下屬進行談判。大家事後回報都說大有斬獲，成就非凡。

二〇一三年三月德國福茲堡應用科技大學的 EMBA 學生來台於實踐大學學習，由我教授哈佛談判學講座。課堂中教導德國學生哈佛談判力，儘管這群學生在文化背景、工作學歷上（其中有一位工程博士）、語言上（英語授課）都與台灣學員有很大的差別，可是在談判演練時，面對相同的談判情境，居然產生相同的成效，那就是創造有利的選擇方案，並製造「多贏」。

「多贏」正是哈佛談判學的核心競爭力。大多數的談判方法或理論僅限於雙方的談判，殊不知談判經常涉及第三方或者是更多的利害關係人彼此的利益和立場。例如房屋買賣不只是屋主與買家、更應該考量的利害關係人包括房屋仲介商、買家的金主（買方的父母、丈母娘），還有正處於離婚談判的屋主太太，她急需一大筆贍養費準備重新出發。

不懂談判者，你的名字叫弱者

特索羅（Ferdinand Tesoro）在一九九八年曾發表對戴爾電腦（DELL）做過一項談判訓練的測試。一組銷售人員提供談判的訓練作為實驗組，同時間另一組對照組則完全不提供任何的談判訓練。結果出奇的驚人，實驗組與對照組相比，實驗組的銷售人員其談判訓練的投資報酬率（ROI）高達525％，也就是實驗組的銷售人員訓練成本每人六百九十九美元，比對照組的銷售人員的銷售多出將近三千七百美元。一年下來實驗組與對照組相比相差竟高達一百五十萬美元。

根據美國卡內基美隆大學的研究顯示，在第一次工作面試時，51.5％的男性會開口談判要求更高的薪水，可是只有女性12％會開口。羅格斯大學調查二〇〇六到二〇一〇年六百位大學畢業的學生，結果發現男性的年薪比女性的年薪平均高出五千美元。這證明只要開口談判就能幫自己爭取更高的薪資與工作，當然也會增加個人的競爭力。

《女人要會說，男人要會聽》（*Women Don't Ask: Negotiation and the Gender Divide*）一書，被美國《財星》（*Fortune*）雜誌選為史上最精明的七十五本財經書籍之一。其中披露了更有趣的數據：

- 女性比男性對於溝通談判的恐懼指數超過兩倍半。
- 男性比女性更經常談判比例為四倍。
- 把談判當比喻時，男性常比喻為「打贏一場球賽」，女性則比喻成「去找牙醫」。
- 女性願意支付高達一千三百五十三美元，只求買車時，避免不必要的談判殺價。

每當我引用上述數據時，並不是指女性總是談判的弱者。相反的，我認為傑出的談判家都有女性纖細溫柔而包容的特質。在我的談判課堂上，經常出現小綿羊變身大野狼的故事。有許多林黛玉型的女子來上談判課，自我介紹時還會出現嬌羞不語的情況，經過適當的談判練習後，大多變身為虎虎生風的談判高手，不可同日而語。我真正想要指出的是恐懼談判的人或者是拒絕談判的人，通常會付出驚人的代價。這個代價就是不斷遠離成功的大門，直接通往失敗的痛苦深淵。

世界上有兩種人想要學習談判力，一種是渴望成功；另一種是追求更成功。要達到目的，我們必須透過大量而成功的談判才能有效達成。成功與談判並不是菁英獨享的奢侈品，只要經過適當的訓練與閱讀就可以輕鬆獲得談判力，所以我樂意推薦這本書給想要使用談判力來達到成功的朋友。

【推薦者簡介】鄭致文，澳洲國立南澳大學企管博士、美國紐約市立大學企管碩士，曾任德國統一安聯保險集團（Allianz）協理、美國人壽（ALICO）行銷總監、富豪汽車（Volvo）行銷副理、美國花旗銀行（Citibank）副理。經過十年以上頂尖外商企業工作的洗禮，長年參與企業各大重要談判專案的規劃與運作，有效開發市場，為企業帶來可觀的業績與利潤，成功佔領市場。在溝通與談判領域，累積了豐富的實戰經驗。現為中華民國應用商業管理協會理事長、晴佳國際有限公司董事長、逗陣學習網執行長。

【推薦序2】

在實質利益上達標才是王道

劉必榮

這本《哈佛這樣教談判》已經問世超過三十年。三十年來，全世界研究談判的人，幾乎都讀過這本書。這不只是因為哈佛的名聲，也因為書裡面所教的談判技巧易學好用。

哈佛這套最重要的貢獻，是告訴談判者可以把立場和利益分開。我們應該盡量在利益上尋求交集，而不是在立場上死纏猛打。立場可以南轅北轍，但是利益卻可能找到重疊。所以他們這套談判術，也被稱為實質利益談判法。

在談判過程中，他們也主張找到足夠的客觀標準，或足夠的證據、統計數字等，來支撐自己的立場。哈佛學者認為，與其在開高或開低之間擺盪，不如開平，就是根據客觀的證據來提出我們的立場。我們不必把對方當成敵人，但也不必刻意當成朋友。他就是解決衝突的夥伴。這種把人和事分開，並依據客觀原則提出主張的，被哈佛學者稱為聰明的談判或是巧談判。

他們還提出最佳替代方案的概念，主張上談判桌前，都要找到最佳替代方案，準備好萬一沒有協議的話，我們該怎麼辦。這樣談判才會有底氣，才不會處處受制於人。因為有最佳替代方案，所以談判者在談判過程中也可以考慮換牌：如果A拿到了，B和C就可以不要。如果沒拿到A，那就要B要C。我們不是帶一條底線上桌，而是帶好幾個替代方案上桌。這是哈佛學者書中表示「避免有底線」的原因。

最佳替代方案也可以作為檢視談判協議的標準：任何協議一定都要比最佳替代方案要好，不然你用替代方案就好了，何必多此一舉談個協議出來？

上面幾個重要的觀念，三十年來廣泛為人所引用。把人和事分開的概念也一直在談判界引起討論。性格上屬於關係取向的人（我們東方人多屬於這一類），會為了維持良好關係，而在協議上作出讓步。屬於利益取向的，則反過來，認為良好的關係，應該靠公平的協議去營造。哈佛學者則認為應當跳出這樣的二元思考，把人和事分開，不要讓關係的考量，干擾到對利益的正常判斷。

這種說法不能說不對。我在談判課上也常建議同學，如果你到某地去投資，過去這塊地方跟你有很深的感情，你跟當地的人們也有很深的聯繫。這時你到當地去投資，各種原本應該理性的考量一定會受到感情干擾。所以最好的方法，是改用電子郵件溝通，而不是面對面。透過電子郵件溝通，會在雙方之間拉出一個距離，讓我們在考慮事情時能夠比較冷靜。這也是把人和事分開的一種方法。

可是談判學界對這個概念還是有很多辯論。有學者提出，現在談判的重點，已經逐漸轉移到「後談判」階段，也就是光是達成協議還不夠，還要去管理這個協議（deal-managing），確保它能夠落實才行。而在落實協議的時候，關係就變得非常重要。談判時若完全不顧關係，將來執行協議時必然狀況百出。所以哈佛學者後來在第二版、第三版的書中，針對關係問題的處理就作了一些澄清或修正，表示他們的意思是：關係非常重要，把人和事分開的意思，是不要因為沒有協議而影響到良好關係。這其實也是我們買賣不成仁義在的觀念。

第二個哈佛這一派引起討論的，是他們主張先拿一個小協議下桌。用一個個小協議，逐步累積成大協議。這就是為什麼他們這本書的原文，叫 *Getting to Yes* 的原因。可是也有不少學者及實務界的人指出，要達成協議不一定要從 yes 開始，也可以從「不」說起啊！Yes 或 No，最後都可以達成協議，先拿個小協議下桌，只是談判的方法之一，不應該被奉為圭臬。

立場和利益的區分也是一樣。在概念上，這也是極佳的概念。彼得・杜拉克在管理上常問，你到底要甚麼？談判時也可以問同樣的問題：你到底想談到甚麼？是價格？交期？還是規格?多問幾次，立場和利益的層次就區分開了。立場之爭可能只是意氣，在實質利益上達標才是王道。哈佛學者在這本書中，也給了許多因此談成的案例，相當精采。

可是問題是，我們真的不能在立場上纏鬥嗎?我認為也不一定。談判的概念，應該是「鎖門，掏鑰匙」：你要這把鑰匙開門嗎?來談啊。可是別忘了，鑰匙之所以值錢，是因為門是鎖的。所以我們上桌二話不說，一開始都是先鎖門。門怎麼鎖?在立場上堅持，擺出強硬的態勢，就是一種鎖門的「談判起手式」。若一開始就馬上展現彈性，去找實質利益，有時反倒會讓對方以為我們急於達成協議，最後反而是談輸。

在閱讀這本書時，我覺得比較欠缺的是對權力的討論。也許作者的初衷，就是想帶領讀者跳出權力對抗的牛角尖，讓大家換個海闊天空的心境談問題。但是權力卻是一個無法剔除的因素，它貫穿每一個談判的環結。比如作者說找出客觀的標準，但是如果對方有對方一套標準，我們有我們一套標準。到時用誰的標準呢?說服技巧固然是一個方法，但最終可能還是看誰比較需要這個協議，還是誰比較強。

還有，作者說在談判中要問對方，之所以提出這個要求的理由是什麼?我們的問題是，人家為什麼要回答我?能問出答案，是否背後也有權力的支撐?這點作者倒沒討論到。

談判的過程，常是「力、理、利、情」四大因素所構成。不同文化背景，可能這四個元素的比重不同，但四個元素交互激盪的構成了談判的環境，卻是都一樣的。哈佛講理（客觀原則）、講利（實質利益），但不談力，淡化情。這是它的特色，或者是一部分美國人的談判方式，但放入不同的談判環境下，卻未必是談判的全貌。這是我們在讀這本書時，要在心中隨時自我提醒的。

【推薦者簡介】劉必榮，美國維吉尼亞大學國際政治博士，專研談判理論。並致力於談判觀念與談判藝術的推廣。一九八八年開始，在各公民營企業主持談判研討會，一九九〇年成立和風談判學院，並為外交部、外貿協會、陸委會、及許多公民營機構定期講授談判課程，推廣研究談判的風氣。學生遍及兩岸三地及東南亞。現為東吳大學政治系教授、政大 EMBA 兼任教授、和風談判學院主持人。和風網站：www.negotiation.com.tw。

【推薦序3】

以柔克剛，以理服人

張文瑞

我們生長在人群互動的地球村，無法避免和他人打交道，正如《哈佛這樣教談判力》所述「無論喜歡與否，你就是談判者。」現在是溝通談判的時代，二十一世紀的人們大多數會以溝通談判取代戰爭、武力對抗、打架或暴力等其他選項來解決衝突糾紛，因為理智者體認談判才是最經濟、最方便和最省力的解決方法。溝通談判已運用在各行各業，舉凡國際爭端、經貿、外交、軍事、政治、社會、環保、校園、社區鄰里、家庭、人際關係和日常生活事務，任何衝突糾紛，都需要運用溝通協調、談判協商或調解仲裁的方式來進行對話，化異求同，互相讓步，獲得共識，達成協議，最後才能和平化解衝突，避免戰端。

本書提出原則性談判法的準則，是美式談判風格的代表典型之一，影響範圍擴及世界各國的學術界和實務界。原則性談判法可運用關係、溝通、利益、替代選項、方案、正當性或客觀標準和承諾這七要素來檢驗談判過程。例如：準備階段，在關係方面，考量進行談判能否增進彼此關係？在溝通方面，考量各方有無建立溝通管道和準備聆聽對話？在利益方面，考量我方、對方和第三方利益，相容或衝突？在替代選項和方案方面，考量我方和對方的替代方案和最佳替代方案？考量創造性的互惠方案？在正當性方面，考量是否運用客觀標準？在承諾方面，考量協議後實用的承諾？談判和結束階段，協商結果可能會無協議或有協議，應檢視協議是否比我方的最佳替代方案還好？是否為最好的協議方案？我方利益是否滿足？對方能否接受？有無任一方有被坑的感覺？過程中是否已充分溝通以及協助增進彼此關係？最後就是兌現實用的承諾。

《哈佛這樣教談判力》的談判準則，主要就是原則性談判法的方法，第一，將人和問題分開：理性的將對手視為合作伙伴和解決問題者，寬以待人，對問題採取原則，嚴以待事。第二，關注利益而非立場：即利益超越立場，找出問題背後的實際利益，先注意對方的利益，勿針對情緒立場，針鋒相對，容許對方發洩情緒，忌火上加油，演成情緒戰爭，勿以牙還牙，分析正反利益，理性溝通，以柔克剛，以理服人。第三，為彼此利益設想方案：找出互利共贏的方案達成協議。第四，堅持客觀標準：即運用客觀標準說服彼此，研議公平標準和合理程序，不屈服於威脅壓力，只接受客觀標準的原則。同時，本書不只教你如何談判，還教你要問「為什麼」的溝通方法，要對方提出說服的理由，讓談判原則回歸於符合公平正義的程序和原則，即使面對難纏的奧客，也能發揮理性和耐性，將心比心地訴諸以理，最後讓彼此心悅誠服地接受協議結果。申言之，即使面對恐怖暴徒挾持人質提出要求且限令期限要脅，談判專家仍可運用原則性談判法的談判準則，和暴徒溝通對話，針對問題交換條件，要求釋放人質，互相讓步，達成協議，說服暴徒投降，救出人質，最後成功地化解危機。

筆者曾於一九九二年十一月前往哈佛大學參加為期兩週的談判研習班訓練，研習使用教材是 *Getting to Yes* 第二版，教授群正是本書作者——費雪、尤瑞和派頓等三位談判大師。因此，筆者有幸成為作者的門生，與有榮焉。回憶當時，多元化教學方式包括理論與實務案例講述、個案研討、分組討論、腦力激盪、角色扮演、狀況推演和模擬演練等，活潑生動，寓教於樂，教育效果奇佳。當年費雪教授親自簽書時告知：「本書尚未正式授權出版中文本，希望未來會有中譯本。」果不其然，後來由遠流出版公司在一九九四年出版中譯本《實質利益談判法：跳脫立場之爭》，以饗中文讀者，令人欣喜。

綜觀國內外「談判」、「溝通」、「調解」、「協調與說服」和「危機談判」教育訓練中，本書是最受青睞的指定教材，例如：以筆者曾參加過的一九九九年聯邦調查局危機談判研習營、二〇〇三年美加西岸人質談判官協會高級班研習會及二〇一二年美國加州人質談判官協會談判研習會為例，許多講座不約而同地使用本書原則性談判法的準則講授危機談判和溝通技巧，由此可見《哈佛這樣教談判力》的影響力。此外，筆者從事「危機處理」和「談判」教育訓練工作已滿二十年，本書也是授課中的參考教科書之一，學習原則性談判法，讀者不僅可增加談判協商技術，也能改善人際關係。

總之，原則性談判法的談判方法和原理簡明易學，頗受各行各業的喜愛，更是全球最暢銷的談判書。因此，筆者能躬逢其盛獲邀為《哈佛這樣教談判力》寫推薦文，深感榮耀，樂於向讀者鄭重推薦：這不僅是一本有益人際關係且可提升溝通談判功夫的經典書籍，也是溝通談判教育訓練的模範藍本，更是一部值得珍藏的談判教戰手冊。

【推薦者簡介】張文瑞，曾於美國約翰霍普金斯大學、哈佛大學、西北大學、聯邦調查局國家學院等學府專研談判、人質談判和危機管理課程，近三十年在政府警務和教育部門擔任公教職，歷經航警局、中央警察大學和警政署執法、涉外、反恐、維安等行政工作，現任臺北市政府警察局外事科長。二十年教育訓練經驗，目前除在警大講授「談判學」、「危機處理」課程之外，並於國家文官學院、司法官訓練所、醫院、航空等公私部門擔任「溝通與談判技巧」、「反恐安全」、「人質談判」、「自殺危機談判」講座頗受好評，著有《危機談判》專書。

三版序（二〇一一年）

《哈佛這樣教談判力》問世至今已過了三十年。看到世界各地依然有那麼多人認為此書有助他們化紛爭、談判為皆大歡喜的協議，我們開心而惶恐。出版當時，我們完全無法預期這本小冊子將成為一場寧靜革命的參考點；三十年來，這場革命整個改變了我們做決定的方式，從家庭到公司以至於社會無不如此。

談判革命

一個世代以前，各地多半認為決策是階級性的。坐在權力金字塔頂端的人——在職場、家庭或政治圈裡——發號施令，下層的人們接旨行事。當然，事實要複雜許多。

到了今天，組織扁平化、創新腳步加快加上網路爆炸，我們往往得仰賴也許成千上百的個人與組織才能成事，而我們對這些人與這些組織並無控制權。光靠發號施令已經行不通了——即便對下屬或孩子也是。要達到目的，我們必須透過談判。權力金字塔逐步轉型為談判網絡，有些地方慢，有些地方快。這場寧靜革命伴隨著眾所周知的知識革命，稱之為「談判革命」應該頗為貼切。

初版的《哈佛這樣教談判力》中，我們以這句話為開頭：「無論喜歡與否，你就是個談判者。」這讓當時許多讀者耳目一新，如今卻已是個不爭的事實。當時，「談判」往往跟某些特殊活動連結，像是勞資對話、達成交易、國際外交事務；現在幾乎所有人都意識到：我們從早到晚跟每個碰到的人都在進行某種非正式的談判。

一個世代以前，「談判」一詞還有負面意涵。思及談判，人們心頭立即浮起一問：「誰會贏，誰會輸？」想達成協議，必有一方做出「讓步」。那不是什麼令人愉快的畫面。兩方都能受惠都能「贏」，這概念幾乎是天方夜譚。如今大家漸漸體會可以透過合作方式協商歧異；即使達不到「雙贏」，也往往能找到更令彼此受益的辦法。

當我們撰寫《哈佛這樣教談判力》時，幾乎沒有學校教授談判課程。如今它已成為一門顯學，法商學院及公務人員訓練中心都開設許多課程，甚至也可見於不少中小學。

簡言之，「談判革命」如今席捲全球，我們也欣見原則性談判的基本精神頗收宏效。

當務之急

然而，進展雖然可觀，到達理想境界卻還很遠。回首過去三十年，不曾有一刻比現在更需要雙方共同謀求獲益、尋找合理標準的談判模式。

看看每天的新聞就會明白：找出更好的方式來處理歧異實在是刻不容緩。有多少個人、組織與國家那麼頑固地死守立場不放？多少毀滅性的緊張升高，導致家庭悲劇、扯不完的訴訟、無止盡的戰火？多少個能讓雙方更蒙其利的機會流失，只因缺乏理想的談判過程？

我們說過，衝突仍舊與日俱增。實際上，談判革命還帶來了更多的衝突，而非減少。階級控制往往隱藏了衝突；而隨著階級式微，網路興起，各種衝突也一一浮現在陽光下。民主對於衝突的態度不是壓抑，而是公開；所以相較於威權社會，民主社會往往顯得吵嚷動盪。

根絕衝突，不該也不能成為我們的目標。衝突乃是人生不可或缺——而且相當有用。它能造成改變，帶來反省；化為商業競爭時，它有助創造繁榮；它深植於民主核心。最理想的決策，絕非來自膚淺的共識，而是仰賴不斷探索各種觀點、不斷謀求創見。聽來也許奇怪，然而，這世界需要**更多**衝突。

面對衝突，我們的挑戰不在如何根絕，而是如何轉化。要改變我們**處理**歧異的方式——

從互相敵對的破壞鬥爭，轉變成並肩合作解決問題。我們不該低估這份挑戰的難度，而這也正是當今世界最迫切的課題。

未來的人類學者回頭看我們這個時代，可能會冠以人類首度大團圓這樣一個名稱。多虧溝通科技革命，有史以來所有人類第一次相互聯繫，一萬五千餘個「部落」或各種語言社群同時知悉了彼此的存在。而也如同所有的家族團圓，不盡只有平靜和諧，更有許多不公平引起的各色不滿。

身處核子時代，共同居住在這益發擁擠的星球，面臨這些前所未有的嚴峻挑戰，為了自己也為了子孫，我們更得學會改變衝突的基本遊戲規則。

一句話：邁向「共好」的艱鉅任務才剛剛開始。

改版重點

不斷有讀者告訴我們，《哈佛這樣教談判力》教給他們在各種情境的合作談判之道，我們卻也意識到，有些年輕讀者對三十年前大家耳熟能詳的故事感到困惑，不少讀者則對當代案例頗感興趣。因此，這一版我們仔細地進行某些校正，也適時增添與更新了部分範例。

三十年間，我們的工具箱大為充實，可見諸許多著作，像是《突破拒絕》（*Getting Past No: Negotiating in Difficult Situations*）、《比要求加薪更難以啟齒》（*Difficult Conversations*，中譯本臉譜出版）、《超越理性》（*Beyond Reason*）、《學會說不》（*The Power of a Positive No*，中譯本天下雜誌出版），對於如何有效與對方合作處理嚴重歧異，皆有深入探討。我們無意在此一併總結，畢竟《哈佛這樣教談判力》的好處之一就在其小而美。我們選擇在本版加入幾個有助釐清本意的相關概念，在其他地方也相對更新我們的思維。舉例來說，對於本書最後關於談判優勢的問題，我們提供的答案就跟我們在哈佛法學院教授的「談判七大要素」完全一致。

有個我們曾列入考慮而最終排除的項目：原則性談判法第一步的「把人跟問題分開」，是否要把「分開」（separate）改為抽離（disentangle）。有些讀者以為這一步是要我們在談判中排除人的面向，只專注於問題的實質面；或是要我們「保持理性」，忽略情緒議題。那都不是我們的本意。談判自始至終，都要把處理人這件事放在第一，就像本書開宗明義所說的：「談判者要以人為先。」

最後，我們增添一些不同溝通方式所造成的影響。電子郵件、簡訊及全球性「虛擬」公司的崛起，讓這點成為重要變數，更別說許多研究證實其對談判過程及結果所產生的影響。

人類的未來

我們每個人都是談判開拓世代的一分子。儘管說，有歷史以來，談判即在決策過程中扮演相當角色，它對人類生命與未來延續的意義，卻從未如此關鍵。

隨著談判革命開展，我們由衷期望此書各項原則能持續幫助大家順利協商生命中所有難題——無論是個人的或群體的。借用詩人華萊士・史蒂文斯（Wallace Stevens）詩句：

在最終的否定後
肯定出現
而那
是未來世界所繫

祝福各位，達成令人滿意的協議！

羅傑・費雪（Roger Fisher）
威廉・尤瑞（William Ury）
布魯斯・派頓（Bruce Patton）

再版序（一九九一年）

過去十年間，無論在學術界或是企業界，「談判」突然成為顯學，各種新興理論相繼出版，討論個案不斷累積，實徵研究處處進行。十年前，提供談判課程的學校屈指可數，時至今日，放眼全球到處都是。大學院所開始尋覓談判專家擔任教授，同樣現象也可見於企業顧問公司。

相對於這波變動，《哈佛這樣教談判力》中所提的概念屹立不搖。它們一直廣受各方矚目，常被公認為其他談判理論鼻祖。我們很高興地說，我們自己也依然深信這些觀念。讀者大多數的問題與指教集中在兩個部分：書裡原已證明為弔詭之處，以及讀者希望獲得更多確切建議處。我們嘗試在這版中解決其中最重要的部分。

我們決定不更動原本結構（以免讓熟悉原書的讀者費力尋找），而將新增資料獨立放在第二版後面。主體完整不變，除了更新某些數字以追上通膨，並調整部分語句，以確保意義明確並設法消弭性別指涉。希望我們在「常見的十個問題」提供的答案，確實對有疑問的讀者有所幫助。

我們提出的問題包括：⑴「原則性」談判的意義及限制（僅就實務面討論，不涉及道德面）；⑵當對手顯得非理性，或擁有不同的價值體系、觀點、談判風格該如何處理；⑶戰術問題，例如會面地點、哪一方應該先出手、如何從設想方案過渡到做出承諾；⑷優勢在談判中的地位。

關於某些課題，更進一步的探討得等待其他著作。有心研究如何有效建立合作關係來處理「人的問題」的讀者，應該會喜歡費雪及布朗（Scott Brown）合著的《拉攏關係》（*Getting Together: Building Relationships as We Negotiate*），同樣由企鵝出版集團（Penguin Books）出版；如果你比較關心怎麼應付難纏的人跟狀況，建議你看看尤瑞所著，班頓出版公司（Bantam Books）出版的《突破拒絕》，其他書籍也將陸續問世。關於談判優勢、多方談判、跨文化業務、個人風格等等，值得探索的課題太多了。

我們要再次感謝馬惕・林斯基（Marty Linsky），謝謝他對新增部分的銳眼與健筆；這裡也要向道格・史東（Doug Stone）致上謝忱，感謝他的敏銳判斷、編輯跟偶爾的重寫，我們有時思緒或段落不清，他就有這本事搞定這些問題。

十幾年來，派頓協助我們呈現、闡述書中所有概念。過去一年，多虧他，我們的想法才得以化為可讀文本。衷心歡迎派頓，本書初版編輯，成為再版作者群之一。

羅傑・費雪
威廉・尤瑞
布魯斯・派頓

費雪
尤瑞

前言

無論喜歡與否，你就是個談判者。談判是人生的真實面。你跟老闆討論加薪；你要跟陌生人決定他的房子售價；兩名律師試圖解決一樁車禍引發的訴訟；好幾家石油公司打算結盟探勘外海油礦；市府官員會見工會領袖以避免交通運輸罷工；美國國務卿與其俄國對口謀求核武控制協議。上述一切，無一不是談判。

每個人每天都在為某些事談判。就像莫里哀（Molière）筆下的汝爾丹先生（Monsieur Jourdain）欣然發現自己總是出口成章，人們甚至在不知不覺中也與人進行談判。你跟另一半商議上哪兒晚餐，跟孩子協商幾時關燈上床。談判是從別人那兒獲得你想要的東西的基本手段。那是一場為求獲得共識的來回溝通，因為你跟對方存有某些共同利益及相反利益（還有某些不同的利益）。

需要談判的情況與日俱增，談判是個成長產業。每個人都想置身會影響到自己的決策過程，肯默然接受他人代做決定的人愈來愈少。每個人不一樣，大家用談判來解決彼此歧異。不管在商業界、政府、家庭，我們藉由談判完成大部分的決定。即便得步上法庭，多數人也在審判前先達成協議。

儘管談判時時發生，要做得好卻不容易。一般談判策略常徒使人們不滿、疲憊、疏遠——往往三者兼有之。

人們發現自己陷入兩難。他們看到兩種談判方式：軟性或硬性。軟性談判者希冀避免衝突，很快做出讓步以求達成協議。他盼望皆大歡喜，往往卻讓對方佔了便宜而感覺窩囊。硬性談判者視每個情境為意志角力，愈是極端堅持勝率就愈大。他如此想贏，卻往往導致對方同樣不肯動搖，以致雙方筋疲力盡、耗盡資源，還傷了感情。其他談判策略落於兩者之間，卻不脫為達成自己目的與維持彼此關係的想望。

有第三種談判方式，不硬不軟，卻**軟硬兼施**。哈佛大學談判專案中心發展出的原則性談判法（principled negotiation），決定的依據在問題本質，而非僵持在某方說它可行與否。這種方法建議你們盡可能地謀求共好，若利益衝突，則應堅持以客觀標準為本。原則性談判法對問題本質以嚴，對人則以寬，不玩花樣不故做姿態。原則性談判教你如何有尊嚴地得到你應得，讓你合理待人，卻不致因合理寬厚而遭人佔便宜。

本書重點在原則性談判法。首章描述傳統立場之爭這樣一種策略所引發的問題。後續四章一一闡述此法的四項原則。最後三章針對常被問及的狀況加以答覆，像是：要是對方佔有優勢？要是對方不配合？要是對方耍小手段？

原則性談判可以用於外交上的軍備控制談判，投資上的企業購併談判，以至夫妻間討論上哪兒度假到萬一離婚怎麼分財產，甚至是人質談判專家為求釋放人質的重要武器。任何人都可以使用這種談判法。

所有談判都各不同，基本元素卻一樣。原則性談判法適用的情況很廣泛，問題焦點可一可多，當事人可兩方或多方，可循既有形式或即席發揮——前者如集體協商，後者如與劫機者談判。不管對方經驗如何，立場頑固或柔軟，這種談判法一樣適用。原則性談判法是能滿足各種目標的談判策略。若對方也懂這項策略，對你並不會造成不利，反而更好，這是與其他談判策略不同之處。而如果對方也讀了此書，效果更佳。

第一篇 問題

1. 別陷入立場之爭

立場之爭導致不智結局／拉鋸立場有損效率／
爭論立場危及彼此關係／若當事者眾多，立場之爭更難收拾／
與人為善不是辦法／還有其他選擇

1 別陷入立場之爭

不管是為了一紙合約或者家庭紛爭，還是國與國的和平協定，人們談判時往往在立場之間拔河。各方選定位置據理力爭，再彼此稍事讓步之後達成協議。下面二手店老闆與顧客之間的拉鋸便是典型的一個例子：

顧客	老闆
這個銅盤怎麼賣呀？	那古董可漂亮了，對吧？七十五美元我願意割愛。
唉呀這上頭凹凸不平的。十五美元吧。	是嗎！你要真有興趣我可以考慮，但十五美元太離譜了。
好吧，我可以出二十，但七十五美元太誇張了。合理點吧。	小姐你也殺得太狠了。妳付現，六十美元就給妳。

二十五美元。	我當初買它可花了好大一筆錢。妳真有心，出多點吧。
三十七．五美元，最多就這個數字。	妳看到盤上那些雕紋嗎？再過一年，這東西絕對兩倍不止。

雙方就這樣你來我往，最終也許達成協議，也許沒成。

我們可以從三種面向評估談判手法：要能達成明智的共識，除非毫無共識可言；要有效率；要促進彼此關係，至少不致扯破臉。（所謂明智共識可如此定義：盡可能滿足各方合理利益，公平解決衝突點，經得起時間考驗，顧及整體利益。）

前例所描繪的一般談判型態，即仰賴連續不斷地堅持——然後放棄——是一系列的立場之爭。

像上述老闆跟客人那樣，據守立場確實能達到某種目的：使得對方明白你的需求；在曖昧不清的緊張情況下，提供了一種穩定；也能夠步步製造出最後協議所需的條件。但是，要達到這些目的不是沒有其他方法，而立場之爭卻無法有效和諧地滿足達成明智共識的基本條件。

立場之爭導致不智結局

談判者一旦採取立場，便往往不可自拔。你愈是據理力爭極力堅持，陷入愈深。你愈是強調自己調整立場的不可能，愈難從中脫身。自我跟立場合而為一，你開始為了「爭面子」——堅持未來行動跟既往立場一致——而使任何可兼顧各方利益的明智共識出現的機會益發微乎其微。

立場之爭恐阻礙談判，可由一九六一年甘迺迪（John F. Kennedy）總統主導，全面禁止核子試爆談判破裂而見諸一端。要是禁止成功，或可阻止其後三十年間諸多的列強武器競賽。談判過程中浮現了一個問題：一年之中，美蘇雙方可允許對方多少調查員入境視察種種可疑地震事宜？蘇聯終於承諾三個，可美國堅持起碼要十個。談判就此破裂。就因為抱著立場不放，卻沒人探討何謂「調查」：是指一名成員走訪一天，還是說一百個人四處調查一個月？有沒有一種觀察流程，可兼顧美國想瞭解蘇聯核爆動向及美蘇雙方都不願任對方檢視國土的心態，美、蘇兩方都沒在這上面使力。

堅持立場，幾乎造成伊拉克農民在海珊（Saddam Hussein）政權瓦解後，與國家石油公司之間不必要的流血衝突事件。伊拉克南方被迫遷徙的農人團結一致，向政府承租可耕地，傾他們所有積蓄加上借款，努力栽植作物。很遺憾，不到幾個月，農民收到書面通知要他們即刻遷離該承租地，因為地底發現油源。石油公司宣布：「離開我們的土地。」農人回答：「這地是我們的，我們才不走。」石油公司以警力要脅，農人說：「我們人數眾多。」石油公司又以軍方相逼，得到的答覆是：「我們也有槍，我們絕不離開！」「我們反正什麼都沒了。」

隨著軍隊集結，流血衝突眼看勢不可免，好在最後關頭一位官員出面阻止。他剛上過有關利用其他選項避開立場爭執的研討課。他問石油公司：「據你們估計，從現在開始到你們在這裡生產石油還有多少時間？」石油公司說：「大概要三年。」「那接下來這幾個月你們打算在這塊土地上做些什麼事情？」「繪圖啦，再做些地底地震測量。」這官員又問農民：「為什麼不能照他們要求的，現在離開？」「離收成還剩下六個星期，我們的一切都投資在那土地上了。」

和談很快達成：農民可以等待收成，石油公司也可以展開前置作業。實際上，石油公司打算雇用許多農民參與工程，也不反對在油田閒置期間讓農民繼續耕作。

由這些例子可以看出，若把焦點放在立場，就容易忽略真正關切的議題，共識遂不易達成。即便達成，往往也只是在彼此最後立場間勉強折衷，而非針對雙方利益而規劃的解決方案。原可皆大歡喜，結果卻是僅僅差強人意，甚至可能破局。

拉鋸立場有損效率

一般談判方法或者帶來協議，如銅盤的價格；或者導致破裂，像美蘇入境視察的調查員該有多少名。而無論哪種情況，過程都相當冗長。

立場之爭會引發有礙協議的動機。在這類爭辯中，你努力提高讓結果有利自己的機會，於是你由極端出發、頑強堅守、隱瞞想法，萬不得已才勉強小讓一步；對方亦然。這種種因素都會延宕協議過程。一開始的立場愈極端、妥協程度愈小，就得花愈多時間力氣才能看清協議是否可能。

隨著其中一人考慮什麼能給、什麼不能接受、讓步只能到什麼程度，這種傳統模式需要很多很多的個別決定。最好的情況下，決策過程也是曠日廢時。當某個決定不僅似乎利於對方，甚至會對自己不利，談判者自是猶豫不前。拖泥帶水或威脅走人這類伎倆便屢見不鮮，不斷拉長過程，提高協議成本，破局風險也一步步加大。

爭論立場危及彼此關係

立場之爭會演變成意志角力，各談判者力陳己見。該是並肩合作找出可行方案的，卻演變成一場戰爭，各方試圖以意志影響對方立場。「我不會讓步。如果你想跟我去看電影，除了《阿凡達》（*Avatar*）其餘免談。」當一方不得不屈於對方堅持、自己的正當立場卻全被漠視時，憤怒憎恨便油然而生。所以，立場爭執使關係緊繃甚且破裂；多年公司伙伴可能分道揚鑣，鄰居可能從此不相往來，這類交手殘留的苦澀餘味可能終生不散。

若當事者眾多，立場之爭更難收拾

雖然僅就你與「對方」雙方立場來討論談判會比較方便，但實際上，幾乎所有談判都涉及兩人以上。坐上談判桌的或許有好幾方，每方又各自代表著委託人、老闆、董事會、委員會等。涉及人數愈多，立場爭執的缺點愈形嚴重。

以聯合國會議而言，一百五十餘國要進行談判，立場之爭根本窒礙難行。即便大家都點頭，只要有一人投反對票就沒戲唱了。互惠讓步也難：你要跟哪一方讓步？而上千個雙邊合約，也遠不及一份多邊協議。在這類情境下，立場之爭導致聯盟產生，各方之間的共通利益往往象徵性大於實質。在聯合國裡，常可見到這類聯盟以「北邊」「南邊」或「東邊」「西邊」捉對談判。團體中人數眾多，找出共同立場困難重重。更嚴重者，因為認同立場過程艱辛，要改變更難上加難。還有，改變立場尚得請示背後高層，又是一樁阻礙。

與人為善不是辦法

許多人明白堅持立場硬不退讓的代價頗高，尤其傷及感情，遂希望代之以比較溫和的談判風格；他們視對方為友非敵，不一味搶勝，和解才是重點。這種軟性談判的標準動作包括提出條件及讓步，信任對方，保持友善，必要時退一步以避免衝突。

下表列出軟硬兩種立場談判的風格，大多數人認為自己的策略就落在其中。若要你從這兩者中擇一，你會挑軟的還是來硬的？或也在其中拿捏分寸？

問題
立場之爭：你該採取何種方式？

溫和	**強硬**
當事者為朋友	當事者互相為敵
目標在達成協議	目標在獲勝
讓步以加強關係	要求對方退讓以加強關係
對人對事都柔軟以待	對人對事都態度強硬
信任他人	不信任他人
隨時可調整立場	堅持立場
提出條件	提出要脅
亮出底線	提供不實底線
願吃虧以達共識	以佔便宜為共識前提
尋求單一出路：**對方**能接受	尋求單一出路：**自己**能接受
堅持達成共識	毫不退讓
避免意氣之爭	一心贏得目標
屈於壓力	施加壓力

軟性談判重視關係的建立與維護，親友之間多屬於這一類型。其過程效率較高，至少就獲致結論而言是如此。各方爭相禮讓，自然容易達成協議，問題是這樣的結果不盡然理想。結局雖不至如歐亨利（O. Henry）小說中那對貧賤夫妻般悲慘：愛意滿懷的妻子賣掉秀髮買了漂亮錶鍊想送老公，老公毫不知情地拿錶換了精緻的梳子要給妻子寶貝她的秀髮；但若只以關係為談判前提，恐怕結果不會理想。

更值得注意的是，對方若是採取強硬立場，一心追求溫和談判的你很容易吃虧。立場之爭，鷹派絕對壓倒鴿派。若前者不斷要求讓步並施以威脅，後者一味求和不想衝突而步步後退，局勢自然利於強硬派。這種過程是會產生共識，卻不盡理想，肯定要偏向強硬派。面對死不妥協的強硬派，你若是採取溫和風格來談判，搞不好滿盤皆輸。

還有其他選擇

如果不喜歡在這兩者之間選擇，你可以改變遊戲規則。

談判其實涉及兩種層次。第一種層次針對實質內容，另一種（往往不易發現）在處理實質內容的過程。前者也許關乎你的薪資、租賃契約、某種物品的價格；後者則在於你怎麼談實質問題：是採取溫和風、強硬風，還是用別種辦法。第二種層次，可說是局中局。你在談判中採取的所有動作，不僅解決租金、薪水等實質問題，同時也架構出你的遊戲規則。你的某個舉動或許讓談判繼續推進，也或許能創造出一個轉折點。

第二種談判層次往往受到忽視，因為那似乎不在意識範圍。唯有在面對外國人，特別是文化背景差異很大的對象，你才能感受到建立某種可被接受的談判過程有其必要性。但無論是否意識到，你的每個動作其實都在跟對方協商流程該怎麼走，儘管表面上看來你們純粹只在討論問題本身。

該採強硬風還是溫和風，這個問題的標準答案是「兩者皆非」。你應該改變遊戲規則。我們在哈佛大學談判專案中心（Harvard Negotiation Project）中發展出第三條路：為有效和諧地達成理想共識所設計出的協商道路，我們稱之為原則性談判（principled negotiation），或價值型談判（negotiation on the merits），可拆成四個基本要點。

這四個要點定義出一種明確的談判方法，適用於一切場合。每個要點處理一項基本談判元素，並提出因應之道。

人：把人跟問題分開。

利益：關注於利益，而非立場。

選項：拍板之前，盡量找出對彼此有利的各種方案。

標準：結論的評估標準要務求客觀。

第一點反應一個事實：人不是電腦。我們是具有強烈情感的生物，彼此看法經常南轅北轍，很難把話講得一清二楚。情緒往往與事情的客觀利益糾纏不清，固守立場更凸顯了這種情況，因為自我融入了立場。「為維護關係」讓步也很麻煩；那樣呵護出的固執難纏導致憎惡，進而破壞關係。所以，對付實質問題之前，首先要把「人的問題」抽離出來單獨解決。不論就字面上或是象徵性的說法，當事人都應視彼此為合作伙伴，並肩打擊問題，而非相互攻訐。因此，我們的第一個主張：**把人跟事情分開處理**。

談判原是為了滿足大家真正的利益，結果卻往往只聚焦於各方立場。第二個要點即是為了解決這種缺陷。協商時所採取的立場往往模糊了原來的目標。彼此妥協的結果，也不可能有效滿足當初各自立場背後的需求。**關注於利益，而非立場**，是本方法的第二項基本要素。

第三點要解決的問題是：在壓力下，我們很難找出最佳解決方案。對手當前，你往往會失去宏觀的判斷力。如此一來代價不小，會扼殺創意，讓你想不出好辦法。為了消除這類困境，你可以訂出一段期間思考各種提高大家共通利益、擺平衝突的點子。這便是我們的基本要素三：拍板定案前，**多多發想讓各方獲益的選項**。

利益發生衝突時，一方有可能憑著死硬的態度而佔到便宜。這種方法鼓勵不妥協，造就武斷的結果。這時你的反制之道是明白告知對方不能一味拒絕，協議結果要合理反應某種客觀公平的標準，不能任單方予取予求。這不表示你可以堅持用你選的標準來衡量結果；標準必須公開合理，如市場價值、專家意見、既定風俗或法律。以這類標準至上，彼此意願擺一旁，誰都不必屈就於誰，雙方會尊重合理的解決方案。這就是第四個基本要素：**堅持用客觀標準**。

下表列出原則性談判法與強硬或溫和立場爭辯法的不同，粗體字代表四個基本要點。

問題 立場之爭：該採何種手法？		**解決之道** 改變遊戲規則——利益為重
溫和	**強硬**	**原則性**
當事者為朋友	當事者互相為敵	當事者為解決問題者

目標在達成協議	目標在獲勝	目標在有效和諧地找到理想結果
讓步以加強關係	要求對方退讓以加強關係	**把人跟問題分開**
對人對事都柔軟以待	對人對事都態度強硬	對人柔軟，對問題堅定
信任他人	不信任他人	理性處理，無關信任
隨時可調整立場	堅持立場	**關注於利益，而非立場**
先行提出條件	提出要脅	探索真正利益
亮出底線	提供不實底線	避免有底線
願吃虧以達共識	以佔便宜為共識前提	**為彼此利益設想方案**
尋求單一出路：對方能接受	尋求單一出路：自己能接受	找出多種選項；延緩決定
堅持達成共識	毫不退讓	**堅持客觀標準**
避免意氣之爭	一心贏得目標	找出合乎客觀標準的出路

屈於壓力	施加壓力	公開辯證；遵循原則而非壓力

從開始考慮談判之初，到最後不管是達成協議，或你決定撤手罷談，都離不開原則性談判的這四個要點。整個過程可分為三階段：分析、規劃和討論。

在**分析**階段，你只要試著判斷情勢——蒐集資料、整理思考。你得考量各種人的問題，包括黨派觀點、敵對情緒、模糊言詞；同時也得釐清彼此的利益所在。你要知道檯面上所有方案，也要了然一切考慮用來衡量結果的標準。

到了**規劃**階段，你二度面臨同樣四個要素，再次蒐集點子、評估做法。你怎麼建議如何處理人的問題？就你自己的利益而言，最重要的是什麼？有哪些實際目標？你得找出更多選項，及更多適用的判斷標準。

來到**討論**階段，當彼此來回溝通、尋求協議時，這四個元素依然是最佳議題。認知上有哪些差異、沮喪或憤怒的感受、溝通上的問題，都可以提出來確認及討論。雙方應該認真瞭解對方的利益，繼而攜手尋找有利彼此的各種方案及客觀衡量準則。

總而言之，相對於立場之爭，原則性談判法以其聚焦於根本利益、謀求互利選項及公平標準，往往能夠取得**明智的**結論。透過這項談判法，你能**有效地**逐步取得共識，免除一再更迭立場的交易成本。把人跟問題分開，讓你在面對對方時能以同理心坦誠相待，撇開彼此在實質問題上的差異；如此一來，取得**友好的**結果便也不難。

接下來的四章，將一一闡述這四項基本要點。任何時候你若產生懷疑，大可先跳到第6到8章，先參考應用此法時經常會遇到的問題。

第二篇 方法

2. 把人跟問題分開

談判者要以人為優先／
談判者都有兩種利益：實質的與關係上的／
把關係從實質面拉開，直接處理人的問題／
觀點／情緒／溝通／預防重於一切

3. 撇開立場，把焦點放在利益

要找到聰明出路，協調彼此的利益而非立場／
如何找出利益？／談論利益

4. 為彼此利益創造選擇方案

診斷／處方／擴大選項／尋求互利共贏／幫對方簡化決定

5. 堅持客觀標準

意氣之爭，代價不斐／運用客觀標準的案例／找出客觀標準／
憑客觀標準協商／「這是公司規定」

2 把人跟問題分開

對事不對人，大家都知道那有多難。我們總難免產生誤解、憤怒、沮喪，不由自主地捲入個人情緒。

某工會領袖問工會成員：「好吧，罷工是誰的主意？」瓊斯往前踏一步：「是我。那個領班坎培爾實在太過分了，兩個星期內把我調出去五次，明明就是要找我麻煩，我受夠了。為什麼爛差事都要丟到我身上？」稍後工會找上坎培爾。「你怎麼一直找瓊斯麻煩？他說你兩週內連續好幾次把他調去頂缺。到底怎麼回事？」坎培爾答說：「我挑他是因為他最行啊。我知道他有能力撐住一個缺了重心的團隊。只有重要角色出缺我才派他頂替，否則我就找史密斯或其他人了。沒辦法，流感搞得一堆人請假。我一點兒都不曉得瓊斯不高興，我還以為他很樂於承擔更多責任呢。」

另一個真實狀況：

某保險公司律師對該州保險監察委員說：「湯普森委員，感謝您撥空接見。我想跟您討論有關絕對法律責任修正條文的一些問題。基本上，我們認為這條款的寫法會對某些保險人產生不公平效應，例如當他們目前的保險有費率調整限制。所以我們希望討論可以怎麼修正——」

委員開口打斷她：「蒙特羅女士，在我部會針對那些規定召開公聽會期間，貴公司大有機會發表意見。那些公聽會都由我主持，蒙特羅女士，我親自聽取了每個證詞，也親手撰寫這項條款的最後版本。妳現在的意思是，我出了錯嗎？」

「不是，但——」

「那妳的意思是，我不公平嗎？」

「長官，當然不是，只是我擔心這項條款會產生一些當初無人能預見的問題，所以——」

「聽著，蒙特羅，我的競選諾言保證我會終結殺人吹風機跟汽車炸彈。這些法規辦到了這些。

「貴公司去年靠絕對法律責任政策就賺進五千萬美元。妳把我當什麼傻瓜，來這兒跟我說什麼『不公平』的法規、『沒人能預見』的缺陷？我不想再多聽一個字。再會，蒙特羅女士。」

這下怎麼辦？這位保險律師該繼續下去，把官員惹毛然後什麼都談不成？這州對她的保險公司的生意十分重要，一定得小心維護跟這位先生的良好關係。這麼說，她該就此放棄，即便自己真心認定這條法規不公，長期有違大眾利益？而那都不是當初聽證時期任何專家所能預見的？

這些案例出了哪些問題？

談判者要以人為優先

一般企業及國際協議談判往往忽略了一個基本事實：跟你打交道的並非「對方」代表，

而是人。他們有感情、有信念，背景觀點各異，難以預測；執有偏見、盲點、邏輯漏洞、派系觀念……我們也是。

談判中的人性面有好有壞。在達成協議的過程可能培養出朝向互利結果的心理承諾。經由時間建立起的合作關係中充滿信賴、理解、尊重與友誼，而談判過程每一回合都將更見平順有效。人都希望肯定自我，也在乎別人的評價，而這樣的特性往往讓他們對其他談判者重視的事情更加敏銳。

但另一方面，人會發火、沮喪、恐懼、受挫，會產生敵意，容易感覺受到侵犯。他們習慣從個人利益看世界，將個人觀點與事實混淆。他們經常弄錯你真正的意思，就像你總以為他們講的是另一回事。誤解加深偏見，引發負面反應，不斷惡性循環；理性探討出路的可能性消失殆盡，談判終以破局收場。搶分成為目的，不斷交相指責之下，沒人在乎謀求真正共利。

談判若忽略了人性面，可能得付出重大代價。從準備開始，任何階段不管你要做什麼，都該認真自問：「我對於人的問題夠關注嗎？」

談判者都有兩種利益：實質的與關係上的

所有談判者都希望實質利益獲得滿足，這是談判的起點。此外，他也在乎彼此的關係。古董商想從交易中獲利，也希望讓顧客變成常客。最低限度，談判者希望彼此關係和諧到能達成雙方可接受的共識（及有效的執行）。談判涉及的層面往往複雜得多，需要雙方共同推進，而非加以阻撓。實際上，無論是長期客戶或生意伙伴，親友或同事，政府官員或外交國之間，彼此關係往往遠比談判結果來得重要。

關係很容易與問題纏夾不清。「人的問題」對談判如此重要，因為常會影響到實質面的討論。施受雙方都常分不清在對人或對事。例如在家裡，一句「廚房真是亂七八糟」或「我們的銀行存款真少」原可能只想點出問題，對方卻當成是人身攻擊。對某件事情的氣惱可能導致你對相關人士流露不滿。自我經常與實質問題糾葛在一起。

另一個讓實質與心理搞成一團的原因在於，人們常能從別人對事情的評論中鑿出言外之意，進而相信那便是對方對自己真正的想法。這種反射幾近本能，我們卻難得去深思其他可能解釋，除非刻意為之。所以在工會案例中的瓊斯深信坎培爾領班看他不順眼，而後者卻以為瓊斯很明白自己對他的看重與栽培。

立場之爭讓關係與實質問題產生對立。將談判設定成堅持立場的意志之爭，只會加劇夾纏不清的結果。我認為你的立場代表你的談判目標——對我而言，那代表你不重視我們的關係。若我堅持某種你覺得不合理的立場，你相信我也明白那是個極端的立場——這很容易推論到我沒把你或彼此關係放在心上。

談判時，採取立場爭辯等於以實質利益與關係利益交換。假如跟那位保險官員交好是公司長遠發展所繫，你可能就必須放下那個爭議。但，實質面的讓步卻不必然換來友誼；看在對方眼裡，或許只覺得你好欺負。相對的，當你一心想讓事情按著期望解決而不那麼在乎對方觀感，你大可拿彼此關係當籌碼。「如果你不打算跟我談這問題的話，那就到此為止。這是我們最後一次會面。」而這伎倆**或許**能讓你討到一些便宜，卻往往導致不怎麼理想的實質結果與產生裂痕的關係。

把關係從實質面拉開，直接處理人的問題

只要大家都有決心並有所準備，解決實質問題與維繫良好情誼，並非兩個互相衝突難以同時達成的目標。找到彼此認同的觀點，保持明確的雙向溝通，表達情緒但不交相指責，目

光放在前方，解決問題為主。要處理人的問題先調整待人之道，千萬別以實質條件為籌碼。

碰到心理問題就要以心理技巧應對。彼此觀點不同時，設法測試對方的出發點，試著循循善誘。情緒一觸即發時，要想辦法讓大家緩和下來，解除心防。碰到誤解產生，可努力加強大家的溝通。

人際問題有如原始叢林，想撥雲見日卻也不難，只要謹記三個基本面向：觀點、情緒與溝通。種種人際狀況都不脫其中之一。

在談判中設法解決人的問題時，我們往往把焦點放在對方身上，卻忘了自己也有問題待解。憤怒沮喪蒙上頭，你可能拒絕接受明明對你有利的條件。也許你的觀點不夠全面，也許你沒能好好傾聽溝通。下列各項技巧將有助同時解決你們彼此的「人的問題」。

觀點

理解對方思路不僅有助解決你的問題；對方的思路，其實**正是**問題所在。今天不管是為了交易或解決爭端，歧異就落在對方與你的想法差距。兩人爭吵時，主題通常是某項物件（也許爭執手錶屬於誰），也許是某件事（例如把車禍怪罪到對方頭上）。國際爭端亦然。摩洛哥與阿爾及利亞爭奪西撒哈拉（Western Sahara）某塊區域的主權；印度與巴基斯坦交相指責對方的核武發展。這些情況下，大家都以為要搞清楚的是東西本身或事件，努力研究那隻手錶或車禍現場的煞車痕，鑽研西撒哈拉，或印巴核武發展史。

然而，最終的衝突並不在客觀事實，在主觀人心。所謂事實，不過是為了解決歧異的另一個論點——也許比之前高明，也許不然。歧異就是存在於彼此想法之中。恐懼也許毫無根據，卻真真切切無法忽視。希望也許不切實際，卻能引發一場戰爭。事實儘管擺在眼前，卻可能絲毫無助於解決爭端。雙方也許都同意是你丟了錶被我撿到，卻怎麼都不肯妥協這錶究竟該歸誰。車禍也許終於釐清是因為一條開了五萬多公里的車胎，雙方仍爭論不休誰該負責賠償。西撒哈拉的歷史或領土再怎麼清楚認定，爭主權任一方卻都毫不在乎。究竟誰在何時發展了哪種核武，任何證據都無法撫平印巴衝突。

尋找客觀事實有其作用，但談判的問題形成與解決之道，是在各方主觀所認定的事實。

將心比心。你看到的世界長什麼樣，要看你在哪個位置。人總是只看自己想看的。一堆資訊擺在眼前，他們只挑佐證自己觀點的用，其他不利資訊就加以忽視或扭曲解釋。談判各方常只看到自己立場的優點及對方的缺點。

從對方角度看問題很難，卻是談判者最強大的技巧之一。光知道對方看事情跟自己不同還不夠。要能影響他們，你要能體察那種觀點的力量，要能感受那種信念的情感。抱著用顯微鏡來研究甲蟲的精神並不夠，你得瞭解身為甲蟲究竟是怎麼回事。你得試著採用對方觀點一陣子，不生任何主觀評斷。他們可能真的如此堅信自己是「對的」，就像你們這邊對自己立場的態度。你可能看到桌上有半杯水；你的另一半眼中所見卻是個半空的、即將在那紅木桌面留下一圈污漬的髒杯子。

試想一下房客跟房東重談租約時的對立觀點：

房客的觀點	房東的觀點
租金已經很貴了。	房租好久沒調漲了。
什麼都漲，我沒辦法負擔更高的租金了。	什麼都在漲，我需要多點房租收入來補貼家用。
這房子該重新油漆了。	他把那房子搞得狀況很糟。
我一些朋友的房子跟這差不多，租金還更便宜。	我知道有些類似條件的房子租金更高。
像我這樣的年輕人付不起昂貴租金。	他這種年輕人就會製造噪音，不懂得愛護房子。

這種沒落區域，房租應該要調降。	我們做房東的，就該提高房租好維護周遭居住品質。
我是個好房客，不養貓狗的。	他音樂老開那麼大聲，我都快瘋了。
哪次她開口，我不是馬上繳房租的。	我不跟他要，他從不主動繳房租。
她真是冷淡無情，從不問我生活細節。	我是很貼心的，從不打探房客隱私。

瞭解他們的觀點，不等於認同。沒錯，當你比較清楚兩方想法，你會修正原先對這件事情的評斷。這不是理解帶來的**代價**，而是**好處**。你們因此能縮小衝突範圍，努力加強新出現的利益。

別根據自己的恐懼推敲對方動機。人經常假設自己所擔憂的，正是對方的企圖。看看《紐約時報》（*New York Times*）這則故事：「兩人在酒吧相逢，他提議送她回家。他帶她走陌生的街道，聲稱那是捷徑。果不其然，一會兒便抵達她家，她甚至趕上了十點新聞。」結局為何令人驚異？因為我們出於恐懼做了另一種假設。

我們太容易犯這種以小人之心度君子之腹的毛病了。那往往是既有觀念作祟，也似乎「

安全」，讓旁觀者認識到對方有多麼可惡。但這樣拼命往牛角尖鑽，卻也滅絕了建立理想共識的種子，即便對方做出些許退讓，你也無法看見。

別把自己的問題怪到對方頭上。我們常忍不住要別人為自己碰到的麻煩負責；「你們公司實在太不可靠了，每次來修發電機都隨便弄弄，沒多久又壞了。」指責他人是一種可以輕易啟動的模式，尤其當對方確實有責任的情況下，但即便責任真在對方，這樣做往往只導致反效果。對方面臨你的責怪，啟動自衛本能，否認指控，拒絕聆聽，或挺身反擊。採取嚴厲指控，往往就是把人跟問題混為一談。

討論問題時，要把事情癥結從對方這個人身上清楚隔開。「你們負責維修的發電機又壞了，這已經是上個月以來第三次了，第一次還整整壞了一個星期。工廠需要正常的發電機，我需要你的建議，怎樣才能把機器損壞的風險降到最低；我們是該更換維修公司、控告製造商，還是怎樣？」

討論彼此的觀點。解決彼此歧異的一條途徑，就是讓歧異被清楚看見，可共同談論。只要坦率懇切，不交相指責，這樣的討論很能帶給彼此最需要的理解，進而認真接受對方的角度。

有些事似乎無關協商主旨，我們往往便視之為「不重要」。事實恰恰相反；很多東西如果你可以有條不紊地大聲說出來，對方也願意聽，可能會是你身為談判者最明智的投資。

看看這個案例：國際海洋法會議中，有關技術移轉的談判。一九七四至一九八一年，全球一百五十餘國代表固定於紐約及日內瓦開會訂定條例，管制各種海洋使用權，如釣魚權及深海採礦權。進行到某個階段，發展中諸國代表皆表示對技術移轉的高度興趣，這些國家希望能由工業國習得深海探勘的高階知識與設備。

美國在內的已發展國家不認為要滿足這份期望有任何問題——遂視技術移轉為小事而未予正視。沒錯，某個層面來看這對他們的確不重要，但**輕視**了這項課題卻是大錯特錯。如果他們投下相當時間討論如何安排技術移轉，對這些發展中國家而言，檯面上各種條件將更難以抗拒。把這課題先擺在一旁，工業國等於丟掉一個讓發展中國家感覺與他們共創里程碑、樂於並肩邁向更多合作的大好機會。

伺機展現打破對方成見的作為。想改變某人的觀點，送出一則出其意料的訊息也許是最好辦法。埃及總統沙達特（Anwar Sadat）一九七七年十一月出訪耶路撒冷，就是絕佳範例。當時在以色列人眼中，沙達特與埃及是以國死敵，四年前突襲以色列。為了改變這種觀點，讓以色列人民瞭解他也渴求和平，沙達特親自飛到敵對國首都；而這充滿爭議的國都甚至是以色列最友好的美國都不曾正式承認的。沒有這戲劇化的一步，很難想像能有一九七九年簽署的以埃和平條約。

讓對方參與過程，對結果有所擔待。若對方於發展過程期間都置身事外，往往不會認同成果。事情就這麼簡單。你做了一番深入研究跑去找州政府保險官員力陳己見，不難想見該官員備感威脅，當然拒絕接受任何結論。你不曾詢問過部屬的興趣便把新的重責大任交派給他，他一肚子火是理所當然。希望對方能接受一個難以接受的局面，務必讓對方參與達成結論的過程。

偏偏這是人們最逃避的事情。碰到麻煩處，我們本能是把它留到最後。「我們先把整個狀況研究清楚再去找委員。」而這位委員呢，如果能覺得自己對修改版本也有所著墨，同意的可能性將大為提高；他會覺得這個修正是原始條例誕生前整個漫長過程的最後一小步，而不是某些人對他心血的斗膽挑戰。

南非一九九四年以多黨選舉終結的種族隔離，歷經近五十年的努力才有此一天。其間，白人溫和派曾有心廢除那些歧視性律法。他們怎麼做呢？在清一色白人組成的國會委員會中討論。這樣發展出來的提案，再怎麼好也仍有瑕疵；不見得條文的本質不盡完善，而是那終究在沒有半個黑人參與的過程中產生。黑人聽在耳裡會是：「我們這些尊貴的白人將設法解決你們的問題。」整個又成了「白人的負擔」。這才是問題的根本。

當我們被排除在協商過程外，結局即便對我們有利，我們仍可能出於疑慮而拒絕接受。若雙方都覺得結果有自己的影響在內，很容易就走到和局。隨著雙方共同尋求出路一點一滴注入的肯定，整個協商過程變得更踏實篤定。每個挑剔與其後的更動，每一步的妥協，都是談判者在提案上留下的個人印記。一份經過雙方共同修正的提案，會讓彼此都有認同感。

要使對方有參與感，應該盡早採取行動。請教他們的看法，大方予以讚賞，之後他們將自覺有責任出面捍衛。獨攬功績是一種誘惑，但謙沖大度卻絕對值得。對方接受與否，在提案的實質利益之外，參與感恐怕更是最決定性的因子。就某個層面而言，過程**就是**結果。

保住面子：讓提案合乎對方價值觀。在英文這個語言裡，「保住面子」（face-saving）有種貶低意味。人們說：「我們那麼做，純粹是幫他們保住面子。」表示刻意讓對方沒那麼難堪。口氣裡藏著奚落。

從這角度去看的話，就大大誤解了保住面子的角色與重要性了。為了保住面子，人們會斟酌談判立場，或要求眼前準則與過往言行的一致性。

司法程序講求的就是這件事。法官寫判決書正是在為所有人保住面子：她自己的、司法體系的及訴訟雙方的。她詳細列出其判決依據的原則、法律或先例，而非單單對一方宣稱：「你贏了。」對另一方說：「你輸了。」她不希望被視為武斷行事，而想展現謹慎公正。這正是談判者的立場。

往往讓人在談判中僵持不下的，不是提案本身令人無法接受，而是純粹出於觀感問題。只要換個方式表述，讓實質問題看來獲得了公平解決，他們就肯點頭接受。某大城市與西班牙裔社區就公職資格協商出的條款就一直不被市長接受——直到協議退回，重新將這些方案寫成由市長所裁定，實現了市長的競選承諾。

保住面子涉及法理，涉及談判者的自我形象。其重要性不可低估。

情緒

特別在處理嚴重紛爭的談判中，情緒可能比討論來得重要。雙方劍拔弩張、蓄勢待發，大概沒什麼興趣把目光放在合作解決上頭。人們往往上了談判桌才理解到情勢不妙而備感威脅。一方情緒激起對方回應：恐懼激發憤怒，憤怒又激發恐懼。一場談判可能迅速陷入僵局或停擺。

首先要辨識並理解對方與自己的情緒。審視談判中的自己，你緊張嗎？胃在翻騰嗎？對另一方不滿嗎？仔細聆聽對手，嘗試體會他們有何感受。這一招頗有幫助：先寫下你的感覺

（也許是害怕、擔憂與憤怒），再寫下你希望有的感覺（自信、放鬆）。繼而寫下對方可能有的情緒。

面對代表組織的談判對手，我們往往把他們當成不具情感的傳聲筒。但其實他們跟你一樣，具備各種人性情感、恐懼、希望，以及夢想。記得這點很重要。對方的飯碗或許繫於這場談判；他們可能特別在意某些層面，可能對某些部分深以為傲。我們應該考慮到情緒面向的，不只是協商對手，他們背後的利益團體也有各種感受，看整件事情也許很單純，也許充滿敵意。

自問是什麼造成這種種情緒。你為什麼生氣？對方惱怒的原因？是過去的傷痛讓他們執意復仇？是對某個議題的不滿擴大蔓延？是個人家裡私事干擾到公事處理？在中東談判裡，以色列與巴勒斯坦人民歷來飽受生命威脅，累積成強大情緒，使雙方面對如約旦河西岸水源分配這般實際問題也難以理性處理。國族生存一直是兩邊人民最憂慮的，因此他們從這角度看一切問題。

多留意「核心議題」。談判中許多情緒是由五種核心利益所主宰：自主（autonomy），能做決定、掌握自己命運的渴望；欣賞（appreciation），受人重視的渴望；融入（affiliation），為同儕接納的渴望；角色（role），有使命感的渴望；地位（status），為人矚目與肯定

的渴望。踐踏這些利益，往往引起強烈負面情緒。懂得妥善處理，就容易建立合作氛圍，達成協議。❶

注意自我認同的問題。另一個輕易點燃負面情緒的火苗是對自我認同（自我形象或自尊）的不安全感。人類往往以非黑即白的思維邏輯評價自己：「我是個仁慈的人」「我是個好主管」，而難免的失足或言行不一一旦引發批評，自我立即備感威脅。人本來就不完美，也很難永遠堅持一種態度，偏偏要接受這樣的事實卻那麼令人痛苦，下意識的難受。於是，這種情況一發生，內心天人交戰於自己究竟「是」或「不是」有能力的、值得愛的、公平的或什麼的時候，我們可能就害怕或憤怒了起來。

當你發現對方行徑異常或警覺自己可能觸及地雷區，想想自己的言談、思慮是否威脅到了對方的自我認同。同樣地，你若發現自己失去平衡，情緒逐步高漲，檢視一下自我認同是否籠罩在陰影裡。❷

正視情緒，予以尊重。與對方人馬分享彼此情緒。你儘管大大方方地說：「不瞞你們，我們這邊的人覺得一直沒受到合理對待，這讓我們十分沮喪。也許不夠理性，但這的確是我們的困境。我個人認為，這種憂慮或許不對，卻是許多人的真實感受。你們的人有沒有同樣的感覺呢？」把雙方感受端上檯面不僅可以降低問題嚴重性，還能讓協商更「積極前瞻」，而非只是被動出招。人在卸下無以名之的情緒包袱後，將更可以專心解決問題本身。

讓對方宣洩情緒。一般來說，要因應別人的憤怒、沮喪等負面情緒，有效方法就是幫他們釋放出那些情緒。只要有個對象專注聽自己訴苦，我們心理上會立刻獲得舒緩。假設你回家想跟先生傾訴公司發生的爛事情，他若說：「別跟我說。我知道你今天很不順，讓它過去吧。」你肯定更沮喪難過。談判者也是，發過了火，之後就比較能理性對話。再者，談判者發出重砲，等於讓他背後的利益團體看到他並非「軟柿」，會給他更大的談判自主權。即便最終他同意了對手，他的強悍名聲也將讓他免受抨擊。

所以說，與其打斷對方雄辯或憤而離席，你可以選擇好好控制自己，穩穩坐著，讓對方盡情宣洩。若對方利益團體也聽到，他們的不滿會隨著說者同步獲得抒解。也許最好的因應之道是安靜傾聽，任其攻擊不予回應，且不時鼓勵對方繼續，確保他講完最後一字。如此，

---

❶想更瞭解核心議題及如何運用於談判中，請參見費雪（Roger Fisher）與夏普洛（Daniel Shapiro）合著之《理性之外的談判》（*Beyond Reason: Using Emotions As You Negotiate*, Penguin, 2006）。

❷欲知更多影響談判之自我認同等人性議題，請參考史東（Douglas Stone）、派頓（Bruce Patton）、漢茵（Sheila Heen）合著之《比要求加薪更難以啟齒》（*Difficult Conversations: How to Discuss What Matters Most*, Viking/Penguin, 1999; 2nd Edition, 2010，中譯本臉譜出版）。

提供一些些燃料，你讓對方得以暢所欲言，再無任何不滿餘燼。

沈著面對情緒爆發。發洩情緒壞在會引發情緒反應，一個控制不好，場面就很難看了。下例點出一招罕見而有效的穩定技巧。那是在一九五〇年代，由鋼鐵工業為了盡早弭平勞工問題所成立的人資委員會所祭出。委員會成員規定：一次只有一個人可以發火。其他人不得火上加油，讓怒火蔓延。而有了這麼一條規定，發洩怒氣也變得合情合理：「讓他去吧，該輪到他了。」更好的是，這有助於大家控制脾氣。你若犯規就表示失控，面子多少掛不住。

採用象徵性姿態。戀愛中的人都曉得，要結束爭吵，獻上玫瑰這麼一個簡單動作影響多麼深遠。許多讓對方開心的行動根本毋須多少代價。一則同情留言，一段懺悔聲明，一趟掃墓之行，給孫兒一份小禮，一個握手或擁抱，共進一餐——都可能是以極小代價消除敵意的大好良機。許多時候，儘管錯可能不在你，一句道歉卻可馬上讓對方平靜下來。那可能是你能做的報酬率最高的投資了。

溝通

沒有溝通就沒有談判。談判你來我往的溝通過程，為的就是達成共同的決定。溝通從來不是件簡單的事，即便在價值觀與經驗十分類似的人之間亦然。相處三十載的夫妻仍可能每天發生誤會，又如何冀望彼此陌生、甚至互有猜忌的人能有何種溝通品質。你最好記得：不管你說什麼，對方聽在耳裡可能是另一回事。

溝通有三大問題。首先，談判者之間可能沒有對話，或沒以對方能理解的方式進行。往往雙方都已放棄對方，不想再努力溝通，一切發言只為了吸引第三方或委託人的注意。他們想的是如何找碴，而不是與對方並肩尋找出路；他們企圖拉攏觀眾，而非努力說服對方採取積極步驟。當雙方都只是為了觀眾表演，溝通根本不可能有任何效果。

而即便你坦率直言，對方卻可能沒在聽，這構成了溝通第二大問題。想想別人有多常沒注意聽你講話；相對地，你大概也沒法重複他們說過的事情。談判中，你可能忙於思索下一句話、如何回應前一點、怎麼包裝下個論述，就忘了留意對方正在說的話。或者，你用心聆聽的是你所代表的團體，畢竟你得對他們負起整個談判結果的責任，你努力想滿足他們，自然會把諸多心思放在他們身上。問題是，如果你沒聽進談判對手在講什麼，就無所謂溝通可言。

第三種溝通問題出於誤解。甲方這麼說，乙方卻曲解了。即使大家共處一室，之間的溝通卻可能像在強風裡企圖以煙火傳訊。而如果彼此母語不同時，誤解機率就更大。例如英文中的「和解」（compromise）表示「雙方可接受的中間選項」，而其中的正面意涵卻沒有蘊含在波斯語的「和解」之中；後者代表「我們的誠信打折了」，是一種負面意涵。同樣地，波斯語的「調停人」（mediator）代表「愛管閒事的人」（meddler），意思是不請自來的干擾者。一九八〇年代初，聯合國祕書長瓦爾德海姆（Kurt Waldheim）飛往伊朗，試圖解救伊斯蘭革命爆發後遭伊朗學生挾持的美國外交官員。當伊朗的電視及廣播以波斯語轉述瓦爾德海姆抵達德黑蘭的發言：「我以『調停人』的身分，前來為尋求『和解』而努力」，他幾乎就要無功而返了；一個小時不到，憤怒的伊朗民眾以石塊攻擊其座車。

有什麼辦法能解決這三種問題呢？

積極傾聽，確認對方所言。聆聽的重要性自不待言，要能好好聆聽卻不容易，尤其在談判的壓力之下。經由聆聽，你得以理解對方的觀點，感受其情緒，聽到他們想要表達的；積極的聆聽，則讓你更加明白他們真正要說的，而不只是你以為你聽見的。如果你非常留神，偶而插入一句：「你的意思是……沒錯吧？」對方就會知道自己沒浪費時間，不只是完成例行公事。他們會因為真正被聆聽、受到理解而感到滿意。曾有人說，代價最小的退讓，就是讓對方知道你已經聽到了。

良好的傾聽技巧，從用心聽開始，請對方仔細明確地闡述，有疑義處要求澄清。你不能只是敷衍了事，你的責任是確實理解他們的立場，明白他們的觀點、需求，與限制。

很多人以為，故意漠視對方的立場與觀點是一種不錯的談判技巧。其實，談判好手的態度完全相反。除非你釐清對方的說法，並提出你已理解的證據，否則對方還是會懷疑你根本沒有聽進去。當你企圖發表不同意見時，他們會假設你完全沒抓住他們的意思，暗自忖度：「我剛講了我的看法，他現在卻說別的，可見他根本沒聽懂。」於是他們開始盤算怎麼修正講法好讓你確實明白，而沒留意你此刻言談。所以你要證明你的理解：「讓我確認一下我有沒有聽對；你的意思是，這整個狀況看來是……」

在重複你的理解時，**用詞要正向**，強調出對方立場的合理性。你可以說：「你的論據很紮實，讓我看看我能不能解釋清楚。在我看來……」理解不等於同意，你可以充分明白對方看法，同時卻徹徹底底的反對。除非你能讓對方深信你懂得他們的立場，否則恐怕也無法讓他們聽進你的觀點。先清楚剖析對方的處境，再討論他們提案的不合理處。如果你把他們的狀況分析得更深入，再做批評，雙方展開建設性對話的機會將大幅提高，而對方認為你沒搞清楚的機率則降至最低。

談話是為了獲得理解。跟對方持續對話。談判時，我們很容易忘了這不是一場辯論，也不是在審判。你希望說服的並非第三方，而是跟你坐在同一張桌旁的人。若要拿談判與審判相比，那比較像是兩位法官共同努力該做出什麼判決。試著把自己放進這個角色，把對方當成要與你努力形成共同意見的法官同仁。在這種情境下就很明確了：把問題的責任丟到對方身上根本不對，也沒必要提高聲量或罵髒話。相反地，雙方大可表明各自不同的觀點，進而設法找出共同結論。

媒體、媒體閱聽人與第三方團體都深具影響力，也容易令人分心，所以最好能與對方建立隱密的溝通管道。減少談判人數也很有幫助。例如一九五四年的第里雅斯特市（Trieste，譯註：義大利東北邊境的海港城市）談判，南斯拉夫、英國與美國始終相持不下，直到大家放棄談判隊伍，改由三位主要談判者單獨在非正式場合會談才有所突破。把威爾遜（Woodrow Wilson）總統那句名言修正一下——「公開達成的合約」（open covenants openly arrived at）改為「私下達成的合約」——倒成了挺不錯的寫照。談判不管涉及多少人，達成重要決議的往往不超過兩個人。

談自己，別說對方。許多談判中，各方都花許多力氣闡述、譴責對方的動機與企圖。比較有效的做法是：描述某個問題對你造成的影響，不談對方所作所為。例如說：「我覺得失望」，別說：「你沒遵守承諾」；以「我們覺得受到歧視」，替代「你們有種族歧視」。當對方覺得你說的不是事實，就不會把你當一回事，要不就一肚子火，根本不管你想表達的是什麼。當你說你的感受如何，對方就不容易質疑了。同樣的訊息，以不使對方心生防衛的方式表達出來，就比較能傳遞過去。

目標明確。有時，麻煩不在溝通得太少，而是太多。憤怒與誤解狀態嚴重時，有些念頭最好藏著別說。另外一些時候，你赤裸裸掀開自己的彈性反而會讓談判陷入僵局。我跟你說我願意出價兩萬美元買你的車，這時你卻說你能以一萬五出讓；相形之下，你別講話，這筆交易還更容易達成。這裡的教訓是：要發表什麼重要聲明之前，確定你想表達或瞭解什麼，搞清楚你提供的資訊對目標有何幫助。

預防重於一切

應付觀點、情緒及溝通等問題，上述技巧往往立竿見影；但處理人的問題，最佳時機是在問題形成以前。也就是說，只要跟對方建立起交情，談判若出現問題，彼此會較有緩衝餘地。這也代表在建立談判架構時，應該把實質問題與彼此關係劃分清楚，而且要避免個人的自我與實質面的討論夾雜不清。

打造合作關係。與對方有私交，絕對有利於談判。當雙方素昧平生，把錯歸咎於對方十分容易；跟同學、同事、朋友，甚至朋友的朋友打交道，就是另外一回事了。你愈快讓生人變成舊識，談判就會變得愈容易。你會比較清楚對方的動機，如果面臨高難度的談判，你們擁有信賴基礎，溝通流程平穩、熟悉，撞出火苗時，打個哈哈或一則八卦就可以捻熄。

培養這種關係的時機，要先於談判。設法瞭解對方，認識他們的好惡，找機會私下碰面。談判預定時刻之前提早抵達寒暄，會後多盤桓社交片刻。富蘭克林最愛用的一招：向對手商借一本書。對方因此受到抬舉，並覺得富蘭克林欠自己一次而洋洋得意。

要針對的不是人，是問題。當談判者認為雙方是一場對戰兩邊的敵手，就很難把彼此關係與實質問題拉開來。此時，不管任一方說什麼，另一方都認定是衝著自己來的；兩邊防衛性不斷拉高，完全不管對方有什麼合理利益。

比較有效的看待方式，是把彼此當成伙伴，要在一場嚴峻的挑戰中，並肩尋找對彼此有利的公平出路。

就像落難大海同處救生艇的兩名水手為僅有的資源分配而爭，協商者很容易把對方當成敵人，將彼此視為眼中釘。但為了生存，兩名水手得把人跟客觀問題劃分開來，瞭解彼此在遮蔽、醫療、飲食方面的需求。兩人更得把這些當作共同課題，如同其他許多共同要面對的工作：守望、貯存雨水、努力靠岸。視彼此為並肩作戰的盟友時，協調相衝突的利益就容易了，也更能推展共同的利益面。這就像兩名談判者，無論私交如何緊張，當我們決定共同面對眼前的問題、齊心解決，就比較容易在諸多利益交錯中找到平衡點。

要幫對方從面對面的位置調整到與你肩並肩，你可以直接挑明說。「嘿，你我都是律師（或外交官、生意人、自己人……視情況），除非我們設法滿足你的利益，不然不可能得出任何結論能滿足我的利益；反之亦然。讓我們一起設法處理你我共同的利益問題吧。」或者你可以先主動釋出與對方同一陣線的姿態，對方見狀，自然會想起而響應。

具體地與對方並坐於桌子同側也有幫助，雙方共同面對眼前的合約、地圖、空白記事本之類的問題象徵。如果彼此已有互信基礎，那是最好；但無論彼此關係如何，都要設法讓談判變成並肩面對的共同課題——儘管你們各有不同的利益及觀點，情感投入程度也各異。

把人跟問題分開，不是一蹴可幾之事，你得努力不懈。基本方法是把對手視為常人，看問題則看是非。後者，則是接下來三章的主題。

3 撇開立場，把焦點放在利益

傅麗德（Mary Parker Follett，譯註：動態管理學派代表）有則故事在講兩個男人在圖書館吵架。一個要開窗，一個要關。兩人為著該開到什麼程度爭執不休：開個縫、開一半、開四分之三。怎樣都不能讓雙方罷休。

於是圖書館員來了。她先問甲想開窗的理由，「好有新鮮空氣啊」；她再問乙為何想關窗：「怕有風」。思索了一分鐘，圖書館員走去開了隔壁房間的窗，如此便有了新鮮的空氣卻不致進來大風。

要找到聰明出路，協調彼此的利益而非立場

這則故事正是許多談判的寫照。表面看來問題出在雙方立場衝突，而既然目標在找出共同立場，大家所談所想自然都在立場上——而往往這樣只陷入死胡同。

如果那位圖書館員只關心兩名男子陳述的立場，她不會想出最後的解決方法。她探索了他們真正在乎的潛在利益：新鮮空氣，不要有風。立場跟利益之間的差別乃至關重要。

利益界定了問題。談判的根本問題，不在立場衝突，而在雙方需求、渴望、憂慮、恐懼等的衝突上。你聽兩邊說：

「我正設法要他停下在隔壁進行的地產開發工程。」

或：「我們反對。那房子他開價三十萬美元；我最多出二十五萬，一塊錢也不會多。」

而深一層看，問題其實是：

「他需要現金，我要安寧平靜。」

或「他得拿到起碼三十萬以支付房貸跟買新屋的兩成頭期款。我則跟家人說過，我買房子不會超出二十五萬上限。」

這類渴望及顧慮就是**利益**。人受利益所驅策，在喧囂立場的背後，利益是那靜默的主導者。立場，是你已經決定的事；利益，則是你如此決定的原因。

一九七八年大衛營（Camp David），以埃和平條約受阻便說明了探究立場背後緣由的重要性。以色列從一九六七年以阿六日戰爭（Six Day War）之後便一直佔領埃及領土西奈半島。當兩國代表於一九七八年坐下協商和平時，雙邊立場無法相容。以色列堅持繼續擁有部分西奈半島，埃及則力陳西奈每一吋土地都歸埃及所屬。眾人不知花了多少時間力氣，拿著地圖努力在西奈半島上畫出一條可能的以埃國界；但如此的妥協方式完全不被埃及接受，要退回到一九六七年的狀態也同樣為以色列堅拒。

而把焦點從立場轉移到利益時，新的可能就出現了。以色列在乎的是國土安全；他們不想看見埃及坦克盤桓邊境，隨時可能入侵。埃及在乎的是國有權；打從法老時期，西奈半島一直屬於埃及。經過幾世紀遭希臘、羅馬、土耳其、法國、英國佔領，埃及好不容易於最近重獲整個主權，可不準備再對任何外來入侵者讓步。

在大衛營，埃及總統沙達特與以色列總理比金（Begin）同意了一項方案，西奈半島可全數歸還埃及，埃及軍力撤出大部分地區則保障了以色列的安全。埃及國旗可於任何角落飄揚，但其坦克絕對離以色列夠遠。

利益比立場容易協調，有兩個原因。首先，要滿足一個利益，通常有好幾種可能立場。人往往就只撿了最顯眼的立場，如以色列的宣稱要繼續擁有部分西奈半島。當你細看反對立場背後，往往能找出可同時滿足雙方利益的其他立場。例如從西奈半島撤軍。

協調利益比妥協立場有效，因為在相反的立場背後，藏有超乎想像之多的利益。在反對立場背後，不止存在衝突的利益，還有著彼此共享、共好的利益。我們總以為對方立場既然與我們相反，他們的利益勢必也跟我們的利益相沖。如果我們希望保衛自己，對方必然是想攻擊我們；如果我們希望房租降低，他們一定希望漲到最高。而在許多談判案例中，若細看雙邊潛在利益，則可發現彼此共享或互相搭配的利益其實多過衝突的利益。

例如，請看房客與房東之間共享的利益：

1. 兩方都想要穩定性。房東希望有個穩定的房客；房客希望擁有長期住址。
2. 兩方都希望屋況維護良好。房客是自己住在裡面；房東則希望提高房屋價值及聲譽。
3. 兩方都想跟對方維持好關係。房東希望房客定期繳房租；房客希望擁有負責的房東，能善盡必要修繕之責。

也可能有些利益並非衝突，只是有差異而已。例如：

1. 房客怕新油漆，因為過敏。房東則不想支付重新油漆全部出租房屋的費用。
2. 房東想拿到等同第一個月租金的保證金，而且希望明天就拿到。很喜歡這個房子的房客，則不在意何時付這筆錢。

跟這些共享的、不同的利益比較後，對立的利益（租金最小化、收租最大化）就容易處理了。共享的利益可能帶來一份長期租約，共同分擔房屋修繕費用的同意聲明，及雙方為維護關係的各種配合。不同利益或許獲得這樣的協調：明天就繳付保證金，房東則同意先把房子漆好，油漆費由房客負擔。最後剩下租金多少這個問題，而那交給市場行情也就可以了。

同意出現曙光，往往正因為彼此利益有別。你與賣鞋的商人也許都喜愛錢跟鞋。比較來說，他對五十美元的興趣要高於一雙鞋；你則相反，你喜歡那雙鞋甚於那五十美元，於是就成交了。共享的利益與不同但互補的利益，都能成為明智協議的基石。

如何找出利益？

看透立場背後的利益，好處很清楚，但要如何做到就比較模糊。立場可能很明確；背後的利益則可能摸不透、看不見，也可能不一致。那你該怎麼找出與談判相關的利益，而且還要記得，瞭解**對方的**利益，重要性不下於**你自己的**？

問「為什麼？」基本的技巧就是設身處地。研究對方採取的每個立場，並自問「為什麼？」例如，房東為何希望租金每年重談——儘管你們簽的是五年長約？你可能認為他是為了對抗通膨，那可能的確是他在乎的利益之一。你也可以直截了當地問房東，表明你並非要他解釋這個立場，而是希望能瞭解那背後的需求、期望、擔憂或渴望。「彼得斯先生，可以請教您不簽三年以上約，基本的顧慮是什麼？」

問「為什麼不？」思考他們的選擇。挖掘利益最有用的途徑之一，是先找出問題的基本決定，那些對方認為你會要求的立場，進而自問，他們為何反對那個決定。這中間有什麼其他利益？你想扭轉他們的心意，得先搞清楚他們的心思目前在哪兒。

以一九八〇年美國與伊朗的談判為例，當伊朗流亡國王巴勒維正在美國治療癌症時，德黑蘭學生好戰分子綁架了五十二名美國外交官與使館人員作為人質。這樁綁架行動引起國際義憤，美國旋即祭出制裁手段，凍結伊朗在美銀行帳戶，允許針對這些資產興起的私人訴訟。而在伊朗，那些學生被部分人民當成英雄，保守黨則視他們為政治棋子，用來對付較為開明的政府官員。

要解決這麻煩的阻礙重重，但只要看看其中一名學生領袖面臨的選擇，問題就能出現曙光。美方要求很明確：「釋放人質。」在一九八〇年大部分的氛圍中，一名學生領袖能有的選擇勢必不脫下表所描繪的景況。

背景時間：一九八〇年春

此推測選項針對對象：伊朗學生領袖

面臨問題：「我該鼓吹立即釋放美國人質嗎？」

如果我說是	如果我說不
－我等於出賣了革命。 －我會被貼上親美標籤。 －其他人恐怕不會支持我（我可能失勢）；而如果他們贊成且我們將人質釋放了： －伊朗像在示弱。 －我們向美國讓步。 －我們什麼都沒得到（巴勒維沒引渡回來，錢也被扣住）。	＋我支持革命。 ＋人們會頌揚我保衛伊斯蘭。 ＋所有人應該能團結在一起。 ＋我們的不滿可獲全球電視媒體大量播報。 ＋伊朗顯得強悍。 ＋我們與美國正面對峙。 ＋我們有機會得到一些東西（至少能把錢拿回來）。

－不知道美國下一步會怎樣。 －我恐怕得回到學校。	＋這些人質讓美國有所顧忌，不敢輕易發動攻擊。 ＋我仍是政壇的明日之星。
不過：	**不過：**
＋經濟制裁有機會獲得解除。 ＋伊朗與其他國家的關係可望獲得改善，尤其跟歐洲。	－經濟制裁顯然將持續下去。 －伊朗與其他國家的關係勢將惡化，尤其與歐洲。 －通膨與經濟問題無法解決。 －美國展開軍事行動的風險存在（但聖戰士之死乃最高榮耀）。
	然而：
	＋美國有可能做出更多承諾，包括歸還我們的錢、不干涉伊朗事務、終結經濟制裁等。 ＋我們隨時可以看情形釋放人質。

如果這樣的描述確有那麼點近似某位學生領袖的心境，就不難理解這些學生為何將人質挾持那麼久：儘管一開始的佔領行動非法狂妄，可一旦人質落入手裡，這些學生不再認為持續下去有何不妥，他們只是在等一個最好的釋放時機。

再推測另一方可能的心態時，首先要問的是：「我要影響的決策者是誰？」第二個問題則是，此刻對方人馬判斷你會希望他們做出什麼樣的決定。如果**你**對這點毫無概念，那**他們**恐怕也沒有答案，因而無法做出你最想看到的決定。

現在，站在對方立場來看你希望他們做出的決定，試著分析同意或否決各將帶來什麼結果。以這個例子而言，下面這個結果檢驗表或許能有幫助：

對自身利益的影響

- 我會獲得或喪失政治上的支持？
- 同儕將批判我還是推崇我？

對團體利益的影響

- 短期會產生何種效應？長期效應？

- 經濟（政治、法律、心理、軍事等等）方面會有哪些效應？
- 這對外界支持者及公共輿論會產生什麼影響？
- 立下此先例，是好還是不好？
- 會不會因為這個決定而錯失更好的決定？
- 這個行動符合我們的原則嗎？換言之，「正確」嗎？
- 可以延後，隨時看情況而定嗎？

這整個過程，別期望精準值能有多高。很少有決策者會把所有的正反面一一寫下反覆比較。擺在眼前的，是非常人性的抉擇，不是一道數學算式。

要明白，雙方各有很多不同利益。幾乎所有談判皆然：各方在乎的利益都不只一項。假設你是協商租約的房客，你可能希望能獲得對你有利的合約，能不花多少力氣就達成這樣的結論，並且能跟房東維持愉快的伙伴關係。達成各項協議固然很好，只達成一項協議，也相當好。你要同時追求個人與跟房東共享的利益。

我們在評估談判情勢時，經常犯下一個錯誤：以為對方所有人都在乎同樣的東西。事實幾乎從非如此。一九六〇年代越戰期間，詹森（Lyndon Johnson）總統習慣將對手以一個「

他」字統稱，而那其實包含了北越政府所有官員、南越越共勢力，以及一堆來自蘇聯、中國的顧問。「敵人必須瞭解：**他**不能惹惱美國。**他**將學到一則教訓：侵犯絕對得不償失。」想誘使這樣一個「他」（或即便「他們」）同意你提出的任何條件很難，除非你充分瞭解其中不同群體各自所關切的議題。

把談判想成只有兩個人或兩方構成的局面滿有幫助的，但千萬不能忘了通常還有其他人、其他方以及其他的影響勢力。一次棒球薪資談判中，球團總經理堅持某位球員拿五十萬美元就是太貴，但那是其他球團給同等資質球員的起薪而已。事實是，該總經理對自己的堅持也頗覺不安，但球團老闆已下達嚴格指示，要他閉嘴堅持到底，因為球團財務陷入危機，高層不希望這消息洩露出去。

所有談判者都有他們在乎的人，也許是老闆、客戶、員工、同事、家人或配偶；他也在乎這些人的利益。想瞭解談判對手的利益，就是要弄清他們擺在心上的林林總總利益課題。

基本人性需求是最有力的利益。探討某種立場背後基本利益時，特別要留意那些驅動所有人的核心焦點。把這些基本需求顧好，不僅能提高協議達成的可能性，且一旦達成，對方也比較可能堅守承諾。基本人性需求包括：

- 安全感
- 經濟保障
- 歸屬感
- 尊重
- 自我掌控感

雖說基本，這些課題卻常為人忽略。諸多談判中，我們總以為金錢是唯一的利益。而即便在談判金額多寡的案例中，也仍涉及其他很多因素。如離婚協議中的贍養費，當配偶要求每週一千美元的贍養費時，真正想要的是什麼？經濟穩固當然重要，但其他呢？也許他們想靠金錢帶來心理上的安全感，也許他們想要一種認可：覺得受到公平而尊重的對待。也許對方不願或真的付不出這筆錢，但要配偶接受較低金額，就得想辦法滿足他們在安全感跟受尊重方面的需求。

個人如此，組織與國家也如此。當一方感覺基本人權受到對方要脅，談判就難有進展。美國與墨西哥曾就天然氣購買一事談判，美國希望以低價購進墨西哥天然氣。美國能源部長以為這純粹是場金錢談判，拒絕代表美方的石油財團與墨西哥談妥的較高價格；當時墨西哥顯然沒有其他買家，美國便認定他們勢必會降價以求。可墨西哥在乎的不只是拿到好價錢，他們還在乎公平、尊重的對待。美方的行為不啻是另一回合的霸凌，怒火排山倒海而來。這天然氣呢，墨國政府決定不賣了，一股腦兒縱火燒掉，徹底熄滅任何低價妥協的可能性。

再說一個例子。當年協商北愛爾蘭未來時，清教徒領袖一直漠視天主教徒的需求，不管後者長年來不斷爭取歸屬與認可，盼望獲得接納與平等對待。相對地，天主教領袖則往往沒怎麼把清教徒對安全感的渴望當一回事。這樣把清教徒的憂懼視為「他們自己的問題」而沒好好加以正視，徒使整個談判更添變數。

列出清單。想搞清楚雙方在乎哪些事情，最好隨時想到就寫下來。這樣，你不僅比較記得住，也更懂如何掌握新的資訊，怎麼排列它們的優先順序。再者，你會更有靈感，知道怎麼滿足對方在意的東西。

談論利益

談判是為了滿足你的利益，能就這方面進行溝通，你成功獲得滿足的機會就愈大。對方可能不知道你有哪些利益，你也不知道他們的。雙方或其中一方，也許只關注過去恩怨而不管未來如何。或者，你們根本沒聽對方說話。雙方該怎樣有建設性地討論彼此關心的重點，而不陷在毫無彈性的立場當中？

希望對方把你的利益當一回事，你就得清楚說明。社區住戶團體對住宅區附近一樁開發案頗有微詞，他們應該具體指出問題在於確保孩童安全、還住戶夜夜好眠。作者希望著作廣為流傳，就得跟出版社好好討論此事。促銷對出版社也有好處，他們可能願意配合讓作者低價採購。

具體生動地說明利益。如果你因嚴重潰瘍就醫，跟醫生描述時卻說得像只有輕微胃痛，當然就別指望疼痛獲得什麼緩解。讓對方清楚瞭解你的利益有多麼合理、多麼重要，你責無旁貸。

準則之一是要**明確**。具體細節不僅能幫你的描繪加分，更能擴大效果。舉個例：「就拿上個星期來說，你們的砂石車就有三次差點輾過孩童。週二早晨八點半左右，你們有一輛紅色砂石車時速大概六十五公里往北開，要不是即時一個急轉彎，就會撞上七歲的羅莉塔．強森了。」

你大可力陳你關心議題的嚴重性，但別貶低了對方利益的重要性或合理性。「我如果說錯了麻煩更正」，這麼說顯示了你的坦然，如果他們沒有開口更正，無異就是接受你對狀況的描述。

強調正當性，可以讓對方注意到你所關心的那些議題。你要讓他們明白你不是做人身攻擊，而是眼前這個問題確實需要加以正視。你要讓他們瞭解，易地而處的話，他們也會感同身受。「你有孩子嗎？如果你住家附近成天有砂石車高速飛駛，你會有什麼感受？」

重視對方的利益也是問題的一部分。我們往往因為關注自己在乎的東西，而忽略了對方的利益。

當對方覺得你已經理解他們的感受，他們也會更認真聽你說話。他們會覺得能瞭解他們立場的人是聰明又有同理心的，這種人的意見可以聽。所以，想要對方重視**你的**利益，就先向他們證明你重視**他們的**利益。

「就我所理解，你們工程公司的利益基本上在以最低成本盡早完工，並保有安全負責的良好聲譽。我這樣的理解是否正確？此外你們還有其他重要的利益嗎？」

這除了顯示你瞭解他們在乎的是什麼，也說明了他們的利益包含在你試圖解決的這個問題中。如果你們有共同利益那就好辦了：「萬一你們的卡車撞到小孩，大家就都慘了。」

先說問題，再講答案。面對工程公司代表，你可能會這麼講：「我們認為你們要在四十八小時內在工地周遭建好圍籬，而且立即規定你們的砂石車行駛橡樹街時速不得超過二十五公里。我告訴你為什麼……」如果你這麼說，保證對方根本不會聽你的理由。他們一聽完你的立場，這會兒肯定忙著準備答辯。而你的語調或意見也可能搞得他們不太舒服。結果，你準備解釋的原因完全進不到他們耳裡。

想讓對方聽進你的論點，你要先說明你所關切的議題與原因，把結論或建議放在後頭。先告訴工程公司他們對孩童安全造成的威脅，對你睡眠品質產生的破壞，他們便會注意聽下去，即使只是為了瞭解你打算怎樣。而等你講到那一點，他們也可以理解你所為何來。

向前看，別回頭看。我們往往只會針對人家已經說過的話或做過的事做反應，這實在令人驚訝。兩個人常常陷入狀似談判的談話模式中，但完全沒有要達成協議的意思。他們對某件事情意見不同，你來我往地講來講去好像在尋求和解。實際上，他們的爭論不過像個儀式或消遣，雙方搶著得分或證明自己一直以來對對方的評價果然正確，什麼都沒改變。沒人想跟對方取得共識，甚至沒打算影響對方。

如果你問人們為何爭執，答案往往是個原因，而非達成目標。不管是夫妻爭吵，或企業與工會、公司與公司，一方往往只在回應對方先前的言行，而非試圖為自己的長期利益而努力。「他們可不能那樣對我。要是他們以為可以這樣走人，我絕對會給他們好看。」

「為什麼？」有兩種截然不同的意義。一種是回頭尋找原因，認為我們的行動是根據之前事件決定；另一種則往前注視目的，認為行動隨自由意志所驅。我們不需要為了決定如何行動而陷入自由意志與決定論的哲學思辨。無論是出於自由意志或是由情勢決定，都是我們的行動。任一狀況，我們都做出選擇，我們可以**選擇**回頭看或往前看。

說明你想達成什麼目標，要比解釋為何如此，更能滿足你的利益。告訴對方你希望未來如何，別爭論過去狀況——上一季的成本（過高）、上星期的行動（未經授權）、昨天的表現（不如預期）。與其要求對方解釋昨日行為，不如問：「明天誰該負責哪些事？」

具體而靈活。談判中，目標要明確，但要有接納新點子的空間。很多人因為怕做困難決定，乾脆不抱計畫就上了談判桌，想先看對方有什麼提議或要求。

確認利益之後該怎樣延伸到研究各種具體方案，而且能彈性面對所有方案？想要把利益化為明確選項，應該先自問：「如果明天對方願意配合，我會希望他們配合什麼？」為保有彈性，每個選項都只做大致描繪。想出不止一種能滿足你關切議題的辦法。「描繪性說明」（illustrative specification）是重點。

立場型談判者希望毫不讓步能夠達成的立場，多半也同樣可以透過描繪性說明達到。以運動員合約談判為例，某經紀人或許會說：「一年五百萬美元，差不多是韓德森覺得可以符合他身價的水準；而一紙五年左右的合約，應該接近他期望獲得的工作保障。」

思考過自己利益的正當性後，你上談判桌時不僅應帶著一些可行的明確方案，也得帶著開放的心。但開放的心，不等於空無所有。

嚴以處事，柔以待人。就像所有談判者表述自己立場時的強硬，你也大可用同樣態度堅持你的利益。實際上，強硬通常是值得鼓勵的。在談判中堅持立場不見得是明智之舉，但堅持你真正在乎的利益是明智的，談判時的戰力要擺在這個地方。對方滿心關注於自身利益，對可能協議的範圍常有過度樂觀的期待。唯有你強烈的表態與堅持，才可能產生真正明智的解決辦法：讓對方以最低代價滿足你最大利益的辦法。各自為其利益奮戰不懈的談判雙方，往往能激發彼此想出更有創意、皆大歡喜的方案。

工程公司顧慮通膨，可能將壓低成本與如期完工視為最高利益。你恐怕得極力撼動。真誠的情感或許有助於找到獲利與孩童生命安全間的平衡點。別讓和解心願遏阻你爭取正義的努力。「我相信你當然不是指我兒子生命比不上建圍籬的成本。你不可能這樣講你自己兒子的，吉恩金先生，我相信你不是冷血的人。讓我們一起想辦法解決這個問題。」

如果針對問題發動的攻擊讓對方個人感受威脅，防備之心油然而生，他們便不再聽你講話。所以把人跟問題分開很重要，攻擊問題本身，別責怪任何人。甚至，你可以提供個人支援：誠懇聆聽，以禮相待，感謝對方付出的時間及努力，強調你也極為盼望能滿足他們的基本需求等等。讓他們清楚看到：你要對付的是**問題本身**，不是他們。

花多少力氣強調問題，就給對方同比例的正面支持，是一項有用的經驗法則。這種支持與攻擊的組合看來似乎不一致。在心理感受上的確如此，但也正是這種不一致製造了力量。知名的心理學理論：認知失調（cognitive dissonance）理論認為人們不喜歡不一致，所以會設法弭平。你一方面攻擊問題，像是超速行駛於鄰近街道的砂石車，卻又正面支持代表工程公司的吉恩金先生，這般舉動造成了他的認知失調。為了消除這種感覺，他會忍不住想跟那問題撇清，與你一道設法解決。

為實質問題奮鬥，可以增強有效解決的壓力；支持對方個人，則可強化彼此關係，提高達成協議的機會。發揮效用的就是支持加上攻擊，兩者缺一不可。

強力爭取你的利益，不意謂排斥對方觀點。正好相反，你得考慮對方利益，展現出接納他們意見的彈性，他們才可能傾聽你的提議，願意跟你討論解決之道。想成功談判，你得既堅定，又開放。

4 為彼此利益創造選擇方案

以色列與埃及各應得到西奈半島多少土地的談判案例，同時描繪了談判中的重大問題與關鍵契機。

這種問題屢見不鮮。怎麼分配一個餅讓每個人都高興，似乎是不可能的事。你通常只就單一面向進行談判，像是領土面積、汽車價格、租約年限、銷售佣金。其他有些時候，情況似乎非此即彼：要不一面倒向你，要不就整個朝對方傾斜。離婚協議中，誰該拿到房子？誰得到孩子的監護權？看來是輸贏的選擇——哪方都不可能同意選輸。即使贏了，以一萬五千美元買到車、簽下五年租約、房子孩子都歸你，你卻始終有種夢魘般的感覺揮之不去。無論在哪種情況，你似乎總是別無選擇。

西奈半島一例也清楚展現了契機。將半島去軍事化這種創意的提案，經常讓談判絕處逢生。我們認識一位律師，就把他的事業歸功於自己能為客戶及另一方找出有利彼此的解決方案。分餅之前，他先把餅做大。談判者最厲害的資產之一，就是創造選擇方案的技巧。

而太多時候，談判者卻落得跟爭橘子的小孩一樣：吵了半天，兩人終於都同意把橘子對分——但第一個小孩是吃掉果肉，扔了橘子皮；另一個則是丟掉果肉，拿皮來烤蛋糕。太多時候，談判者「錢擺在桌上卻不拿」——明明有機會達成協議他們卻沒達成，或達成的協議不盡理想。明明可以各取所需，整顆果肉歸你、整片橘子皮歸我，太多談判者最後卻只拿到半顆橘子走人。為什麼？

診斷

雖然提出眾多方案極有價值，但涉入談判中的人卻很少有此認知。爭論中的人都相信自己的見解才對——別人都該聽他的。談合約時也是，他認為對方就該接受他合理的提案，頂多在價格上稍做調整。一切答案似乎就躺在區隔彼此立場的直線上面。唯一看得到的創意思考，往往就是妥協折衷。

大多數談判之所以無法產生多種解決方案，有四大主要障礙：⑴過早批判；⑵只找單一答案；⑶以為餅就只有那麼大；⑷認為「解決他們的問題是他們自己的事」。要打破這些障礙，你得先認識它們。

◆過早批判

發想解決方案不是那麼簡單，**不**發想，才是一般正常狀態，即便你沒處在壓力之下。如果要你舉出世上最值得獲得諾貝爾和平獎的人，任何答案還未出口馬上被你的保留態度和質疑堵回去。你怎能確定這是**最**值得獲獎的那個人？你可能腦中一片空白，或者脫口而出幾個符合普遍思維的答案：「喔，大概是教宗或總統吧。」

對發想而言，最大的傷害莫過隨時準備打擊任何新點子漏洞的批判精神了。批評扼殺了想像。

面對眼前的談判，壓力使你的批判精神特別敏銳。實務談判需要的似乎也是實務思考，而非漫無邊際的狂放點子。

坐在談判桌另一方的對象也可能讓你的創造力更為壓抑。假設你準備跟老闆談下年度的薪水，之前你要求年薪提高四千美元，老闆提出的是一千五百美元，你已表示過難以接受。面對這種緊張情境，你恐怕很難想出充滿創意的方案，你怕萬一提出什麼創新建議，像是把一半放進薪資另一半作為分紅，你會讓自己顯得很蠢；老闆可能會說：「認真點你明知這不符公司規定，我真不敢相信你會這樣講。」如果你蹦出一個主意，建議不然分幾次加薪，老闆可能會視之為一種妥協：「我準備以此為基礎開始談。」不管說什麼都彷彿在做出承諾，你多半會把任何點子藏在肚裡。

或者你也擔心任何方案都會透露出對你的立場不利的訊息。例如你有意買新房子，如果建議公司幫你分擔貸款，老闆大概就會認定不管加薪多少你都會留下來。

◆尋求單一解答

對多數人來說，發想本來就不在談判過程裡。他們認為談判者的任務是拉近彼此立場，不是擴大選項。他們的看法是：「要就眼前狀況達成協議已經很困難了，再出現一堆別的方案簡直是找麻煩。」既然談判最後只要一個決定，他們擔心自由自在的討論只會製造困擾，拖延過程。

若說過早批判是創意思考的第一個阻礙，其次就是過早定案。尋找最好的解決辦法，這念頭會驅使你縮短決策過程，放棄去探勘更多更好的可能性。

◆假設餅就那麼大

談判桌上沒幾個好辦法的第三點原因是：各方都以為眼前狀況純屬非此即彼——不是我

贏，就是你贏。多數時候，談判彷彿是「定和遊戲」（fixed-sum game）：車價多個一百美元給你，我就虧了一百。很明顯，我讓步你就開心，還有什麼好多想的？

◆以為「解決他們的問題是他們自己的事」

想出其他可行辦法的最後一道屏障：各方只顧自己的立即利益。談判者想達成能滿足自己利益的協議，得先找出能讓對方也動心的方案。但情緒牽扯往往讓人無法抽離，難以客觀思索對雙方皆好的各種可能：「我們自己的問題夠多了，他們不需要我們操心。」心理上，也往往存有一種抗拒理解對方觀點的感受；設法為對方解套，似乎是對自己人不忠。因為短視自利，談判者就只能站在黨派立場爭論，提出一面倒的辦法。

處方

基於上述，欲開創不同方案，你要能⑴分開進行發想與批評這兩件事；⑵擴大談判桌上的選項，別急著找出一個答案；⑶謀求雙方利益；⑷找出讓對方容易下決定的方案。下面將逐一探討這幾個步驟。

◆分開進行發想與批評

批評會扼殺想像，所以讓這兩件事個別進行：先思索各種辦法，從中做出決定則另外進行。先發想，再做決定。

身為談判者，你必須盡量發想。這不是件容易的事。按照定義，發想新點子需要設想原本不在自己心裡的東西。因此，你可以邀些同事、朋友進行腦力激盪。這樣的安排就可以有效將發想與決定區隔開來。

腦力激盪的目的，是為了找出各種可能的解決辦法，愈多愈好。最重要的規則就是將一切批判審查延後。所有成員只管想，別停下來研究這些點子是好是壞，可行不可行。抽掉那些阻礙，一個點子會激發下一個點子，如鞭炮般一個接著一個爆發。

腦力激盪鼓勵一切瘋狂的點子，誰都不必害怕丟臉。談判對手不在，將要負責談判的人也不需擔心露了什麼口風，或被誤會給了什麼承諾。

腦力激盪沒有所謂正確的方法，按自己的需求跟資源進行即可。同時，你也可以參考以下的指導原則。

腦力激盪之前：

1.界定目標。想想你要從會議中解決什麼問題。

2.挑選幾位成員。這團體應大到足以刺激各種思考，小到能讓每個人深度參與跟積極開創——通常是五到八人。

3.換個環境。時間、場地盡可能有別於一般討論。腦力激盪愈顯特別，成員就愈能按捺住批判的衝動。

4.設計一種輕鬆的氛圍。怎樣能讓大家放鬆？也許邊小酌邊討論，也許在風光明媚之處找個度假小屋進行，或者讓大家不用正式的穿著與正式的稱呼。

5.選一位主持人。成員之一得扛起推動會議之責——確保會議方向正確，讓每個人得以發言，執行大家同意的會議規則，適時提問以激發討論。

腦力激盪進行時：

1.讓成員坐同一邊，共同面對問題。身體狀態會強化心理狀態。大夥兒併坐一排，並肩作戰的精神也會受到鼓舞。面對面時，我們容易針對個人、流於口舌之爭；大家面對白板成半圓圍坐一起，焦點會集中在眼前的問題。

2.澄清開會規則，包括不得批評。若成員並非全都相互認識，會議開始先逐一介紹，接著把規則講清楚。任何形式的負面批評都不得出現於會議中。

共同發想可激發新點子，因為我們自己的設想能力常受到工作習性的限制。如果一個想法不能吸引所有人就不能過關，大家將不約而同想出能為眾人接受的主意。相對地，若鼓勵看似不可能的瘋狂點子，其中便可能衍生出無人能料及的可行方案。

其他可考慮的規則包括：不做會議記錄，以及所有點子歸團體不歸個人。

3.腦力激盪。會議目的一旦澄清，就讓想像力任意馳騁。點子愈多愈好，努力從各個不同角度看待問題。

4.呈現所有想法。將每個點子寫在白板上。這樣可以製造出具體的團隊成就感，強化不准批評的規則，減少重複的機會，也能激發更多其他想法。

腦力激盪後：

1.圈選最有潛力的點子。腦力激盪之後，鬆開不得批評的規則，開始挑出最好的想法。這時還不到決定的時機，只是提名找出值得繼續探討的點子。把全體認為最棒的想法標示出來。

2.設法改進那些好點子。從一個好點子開始，設想能讓它更好、更實際的辦法，以及該怎麼落實。這時的努力重點在於強化那些點子。可套用建設性的批評說法：「我之所以喜歡那個點子在於……如果……它會不會更棒？」

3.決定下一次評估及決定的時間。解散之前，把這些改進過的好點子記錄下來，訂定時日，決定其中哪些可推進至正式談判。

考慮與對方進行腦力激盪。雖然那要比跟自己人一起做難多了，但與對方腦力激盪的成果卻可能極為豐碩。比較困難的原因在於：你的意見可能偏向自己的利益，儘管事先大家講好了規則；你可能不小心透露了機密，或讓對方把你的提議當作你的條件。而與對方聯合進行的腦力激盪也有很棒的優點：想出對大家都好的點子；打造出共同解決問題的氣氛；讓對方體認到自己的顧慮。

與對方進行腦力激盪要做好防護措施，徹底區分腦力激盪與正式談判的不同。談判時，大家講的是官方意見，有會議紀錄可加以追蹤。我們都太習慣為達成決議而開會，所以，不一樣的開會目的一定要講清楚。

為了避免對方以為你對某個方案做出承諾，你可以每次都贊成至少兩個選項。你也可以把你絕對不可能同意的提案擺在談判桌上，「我免費把房子給你，或你給我一百萬美元現金房子就歸你，或……」。很顯然，你不是認真提議，那麼接下來你講的，對方也不會誤當成提案。

舉例描繪一下這樣的聯合腦力激盪是怎麼回事。假設某地方工會領袖要跟當地煤礦公司管理階層進行腦力激盪，設法減少未獲授權的短期罷工（一到兩天）。與會者共十人（一邊五人）沿著一張對著白板的桌子圍坐。由中立的主持人詢問大家意見，並寫在白板上。

主持人：好，現在我們看看大家針對未獲授權的罷工活動有哪些辦法。看我們能不能在五分鐘內想出十個點子。開始吧。湯姆？

湯姆（工會）：工頭要能當場解決工會成員的投訴。

主持人：很好，我記下來了。吉姆，你剛有舉手。

吉姆（管理階層）：工會成員有問題應該先找工頭談，而不是先採取……

湯姆（工會）：他們有，但工頭不聽。

主持人：湯姆，請先別批評。我們都同意稍後再做這件事，是吧？傑瑞，你呢？看起來你有意見。

傑瑞（工會）：碰到罷工事件醞釀，應該准許工會成員隨時在更衣室開會。

羅傑（管理階層）：管理層可同意更衣室為工會開會使用，並且要求工頭出去，把門關上，以確保員工隱私。

凱羅（管理階層）：沒給工會領袖及管理階層當場處理的機會以前，不得罷工？這個規定如何？

傑瑞（工會）：如果工頭跟工會成員自己無法解決，能不能加速申訴流程，二十四小時內舉行會議？

凱倫（工會）：贊成。是不是也可以安排一些共同課程，教工會成員與工頭如何一起解決問題？

菲爾（工會）：對於表現優異的員工，要給予肯定。

約翰（管理階層）：打造工會成員跟管理人員之間的友好關係。

主持人：聽來很不賴，約翰，可不可以更明確一點？

約翰（管理階層）：嗯，組個工會與管理人員聯合壘球隊怎樣？

湯姆（工會）：跟保齡球隊。

羅傑（管理階層）：一年一度團聚野餐如何？邀請所有家人參加？

就像這樣，隨著大夥兒激發出更多點子不斷持續下去。沒有這樣的腦力激盪，其中很多想法恐怕永遠不會出現，而那裡面有些也許真的能解決未獲授權的罷工問題。花在共同腦力激盪的時間，絕對是談判中最有價值的時間。

不管你們是否共同進行腦力激盪，把發想跟決定兩者分開，對任何談判都極有幫助。討論方案跟選擇立場完全是兩碼子事。一方立場也許跟另一方立場衝突，但一個解決方案卻可觸動更多解決方案。光是使用的語言就不一樣：你會用問句，而非咄咄逼人；你會用開放式問句，而非封閉式：「選項之一是……你想過別的什麼方案？」「我們如果同意這個選項會怎樣？」「採取這種做法如何？」「這會產生什麼效果？」「那樣做有何不妥？」決定前，先發想。

擴大選項

即便立意良善，腦力激盪成員往往認定他們的目的是找出**一個**最佳答案，在茫茫大海中撈出那根針。

實際上，在談判這個階段，你不該尋找正確途徑，你要做的，是打造談判空間。那空間得靠一大堆完全不同的點子打造出來——你跟對方能在談判中繼續討論、共同決定的點子。

釀酒人從諸多品種挑選他要的葡萄，球團派球探到全國各地或學校隊伍尋找明日之星，談判也是一樣。無論釀酒、運動、談判，明智決策的關鍵，是在從眾多選項中做出選擇。

如果人家問你誰該獲得今年諾貝爾和平獎，你應該說：「我們來想想看。」然後橫跨外交、商業、傳播、宗教、法律、農業、政治、學術、醫療等各行各業，無所不包地列出上百個名字。這麼做，一定比一開始立刻決定來得穩當。

腦力激盪可以釋放人們的創意思考。一旦獲得自由，我們需要思索問題、導出可行決議的方法。

穿梭於特定與一般之間，擴大選項：圓形圖。發想方案涉及四種思考。一是思考特定問題——你厭惡的某種現實，像是流經你的土地的那條遭到污染的臭河流。第二種思考，是描述性分析——籠統地診斷現況。先把問題歸類，試圖找出原因。也許河水有太多化學物質，或氧氣太少，你可能會懷疑上游那些工廠。第三種思考，也是一般性地考量也許該採取何種措施。根據先前診斷，你尋求理論建議的對策，像是減少化工廢水，截彎取直，或從其他河流引入淨水。第四也是最後一種思考：找出明確可行的行動方案。明天誰該做什麼讓這些想法之一落實？例如，環保局可限制上游工廠的化學物質排放量。

下頁的圓形圖描繪出這四種思維與進行步驟。一切順利的話，這樣產生的行動將可解決原始問題。

圓形圖為拋磚引玉提供了捷徑。一個不錯的行動方案擺在眼前，你（或正在腦力激盪的你們）可回推一步，找出這行動所屬的一般解決途徑，再思考同類型的其他行動選項。同樣地，你還可再回推一步，問：「如果這個途徑有用，那背後的診斷會是什麼？」歸納出診斷，你便可據以找出其他解決途徑，進而尋求具體落實的行動。於是，桌上一項不錯的解決方案引發探索它背後的道理，再運用那道理發想更多選項。

一個例子或可說明這個流程。為解決北愛爾蘭衝突，一九八〇年代出現的一個點子是讓天主教徒與清教徒兩派的教師共同準備北愛爾蘭歷史教材，供兩套體系的小學教學之用。這套教科書果真於一九九〇年代採用，以不同角度透視北愛爾蘭歷史，讓學童透過角色扮演的遊戲，體會他人在不同情況下的處境。從這般明確的行動建議開始，探詢背後隱藏的理論，更多豐富的想法應運而生，諸如：

「這兩種學校體系應有一些共同的教學內容。」

「天主教徒跟清教徒應該在一些小規模的案子上協力合作。」

「我們應該讓孩子及早認識彼此，以免太遲。」

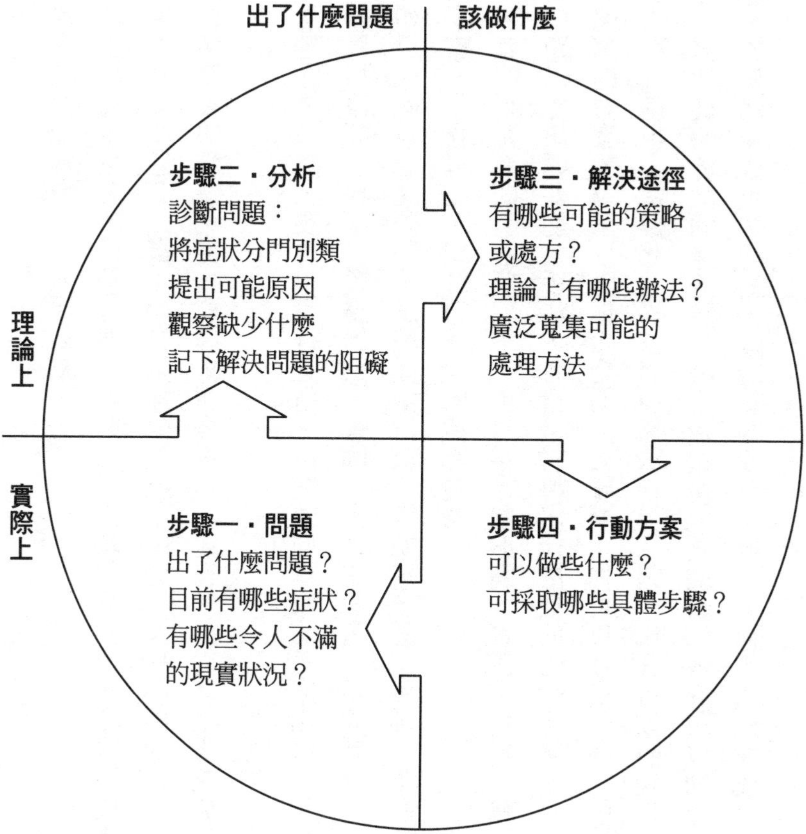

圓形圖

發想選項的四項基本步驟

「歷史教學應該要能解釋不同教派觀點。」

藉由這些理論，又產生更多行動方案：如結合天主教與清教徒，透過不同視角呈現北愛爾蘭歷史的影片；如交換老師計畫；如在兩種學校體系中建立某些共同課程。

利用不同領域專家的看法。另一種尋求多樣選項的途徑是：從其他專業與學說的角度來檢視你面對的問題。

以孩子監護權之爭來說，要想出可行之道，可從不同專家的角度出發：教育家、心理學家、銀行家、公民權律師、牧師、營養學家、醫師、女性主義者、足球教練，或任一位持有不同專業者。如果你面對商業談判，試著從銀行家、發明家、勞工領袖、不動產投機者、股市仲介、經濟學家、稅務專家，或社會學家的觀點發想。

透過不同專家的眼光看問題這個點子，也可結合圓形圖一齊派上用場。輪番試想各個專家會如何診斷問題，提出哪些切入手法，各自又將導出什麼樣的可行方案。

想出不同強度的方案。為了以防你希望的方案碰壁，你可以準備一些「較弱的」版本來充實談判桌上的可行選項。當彼此在實質面向無法獲得協議，或許可以討論程序問題；製鞋廠商跟某大盤商無法就瑕疵品的運費該由哪方負擔達成共識時，或許可以同意把這問題交付仲裁。同樣地，如無法達成永久契約，臨時契約或許可行。若你們無法達成第一順位共識，第二順位共識通常不難取得——即同意雙方的歧異點，這些問題不見得那麼容易看見。下列成對的形容詞便呈現了某些「強度」不同的潛在協議：

較強的	**較弱的**
實質的	程序的
永久的	臨時的
全面的	局部的
最後定案的	原則性的
無條件的	附帶條件的
有約束力的	無約束力的
第一順位的	第二順位的

調整提案規模。你不僅要考慮不同強度的提議，也要考慮各種規模。舉例來說，你可以把問題細分為幾個比較小、比較容易解決的單位。面對可能的出版商，你可以這麼建議：「不然先以三百美元編排第一章，再看下一步如何？」這類協議可以是臨時的，涉及的關係人

較少，只涵蓋某些特定議題，只適用於特定區域，或有效期就那麼一段時間。

換個方式也不錯：看能否把題材擴大，「把賭注提高」，讓協議更具吸引力。印度與巴基斯坦雙方就印度河流域之爭，隨世界銀行（Word Bank）介入而現出曙光；雙方被要求想出新的灌溉方案、水壩與其他有利兩國的工程，世銀將協助出資。

尋求互利雙贏

阻礙創意解決問題的第三個屏障是認定了餅就那麼大：你拿少一點，我就可以多拿一點。而這種假設通常都不對。首先，雙方多半都會比目前更糟。下棋似乎是個零和遊戲；一方輸，對方則贏——直到跑來一隻狗把棋盤給翻了，讓啤酒灑了滿桌，搞得你們更灰頭土臉。其實，不僅是為了避免共同損失的情況下才能找到共同利益，幾乎任何情況都有機會。像是發展出同心協力的良好關係，或創造嶄新出路滿足了雙方所需。

判斷共同利益何在。理論上這很明顯：共同利益有助達成協議。按照定義，能滿足共同利益的點子對雙方都好。可是實際上，情況並沒有那麼單純。就拿價格協商來說吧，共同利益似乎沒有那麼顯眼或相關。這時，謀求共同利益能有什麼好處呢？

且來舉個例子。假設你是某煉油廠經理，姑且稱之為「唐森石油公司」吧。公司位於佩支維爾（Pageville）這個城市。有一天，市長告訴你，他要提高唐森石油的稅賦，原本一年兩百萬美元，現在要四百萬。你說你覺得一年兩百萬綽綽有餘。談判僵在那兒：市長想要更多，你想照以前給。就像許多類似談判一樣，共同利益能發揮什麼作用呢？

且讓我們深究市長的心願。他想要錢——不用說，這筆錢可支付更多市府服務，打造新的市政中心，或許還能降低市民稅賦。但市府現在及未來所需款項當然不可能僅靠唐森石油，他們也會跟例如對面那間石化工廠徵收；未來呢，則會跟新的企業以及擴大經營的既有產業討。市長也是個生意人，他絕對希望鼓勵產能擴大，吸引新的企業進駐，創造工作機會，活絡城市經濟。

你們公司的利益何在？眼看煉油技術日新月異，你們的煉油廠卻有如古董。你正思量要大力翻新擴建。但你怕擴大後，市府會提高工廠價值，又進一步加稅。一直以來你不斷勸說某塑化廠前來設廠，以便使用你的產品；理所當然，你怕該廠見稅賦加重而打退堂鼓。

此時，市長跟你之間的共同利益趨於明朗。你們都贊同擴建，鼓吹新廠進駐。如果你認真思考如何滿足這些共同利益，可能就會有這些想法：新產業享有七年免稅，與商業司聯合行銷以吸引新公司，準備擴建產業享有稅賦優惠。這些點子既可讓你省下荷包，也可充實市府銀庫。反之，若談判者壞了公司與市府關係，那就兩敗俱傷。你可能砍掉支持政府慈善及學校體育活動預算，市府可能對施工規範條例等強加不合理要求，你跟當地政商領袖的關係也會逐漸不睦。而這些常被視為理所當然或不被當一回事的人際關係，卻往往凌駕理性思考而主宰了許多事情。

身為談判者，你在任何情況下都得找出能同時滿足對方的提案。一樁買賣若是讓顧客覺得受騙，老闆也要倒楣，他可能因而損失一名顧客並傷及信譽。讓對方一無所獲的狀況，絕對不如滿足他們來得好。幾乎在所有情況下，對方對協議的接受程度決定他們的遵守意願，進而決定了你在這場談判的收穫。

關於共同利益，有三點值得留意。首先，它隱藏在每場談判中，卻不是那麼顯而易見。問問自己：我們在維持雙邊關係上，可有共同利益？有什麼合作與互利的契機？萬一談判破局，得背負哪些成本？有什麼彼此都能尊重的通用原則，比如所謂的合理價格？

第二，共同利益不是天賜的，是你要懂得善用的機會。如果能設法將它明確點出，並且化為共同**目標**，也就是把它變得具體而具前瞻性，那是最為理想。例如身為唐森石油公司的經理，你可以跟市長立下三年引進五家新產業的共同目標。如此，新產業的稅賦優惠將不再只是市長單方讓步，而是雙方追求共同目標所做的努力。

第三，強調共同利益，有助於談判的順暢進行。救生艇上所有乘客為求平安抵岸這項共同利益，都願意放棄對食物配給的歧見。

讓不同利益密切接合。再看看那兩名為橘子吵架的孩子。兩個都想要這水果，最後一人一半，卻沒意識到其實一個想吃果肉，另一個只想拿果皮烤蛋糕。很多情況也像這樣：真正令人滿意的結果，其實是因為彼此要的東西不同。仔細想想，這實在令人驚異。我們經常假設人與人之間的差異造成問題，可這些差異，卻也可以是解決辦法的根源。

協議往往來自看法不同。每次你想跟人達成共識，都好像股票買家想說服賣家股價會漲一樣，這其實說不通，如果對方同意你，大概不會想賣吧。這筆交易能成，多半因為買家看高，賣方看低。雙方信念的不同成為交易往來的基礎。

從許多有創意的協議中都可找出這樣的原理。利益與信念的歧異，使得某樣東西對你如金，對別人如鐵。就像這首兒歌描述的：

瘦子傑克他不吃肥肉，傑克老婆她不吃瘦肉，
每回夫妻一道用餐，盤子永遠一乾二淨。

能讓彼此差異密切吻合的，在於利益、信念、時間看法、預測，以及對風險的承受性。

你們之間可有不同利益？下表列出常見的利益差別：

一方較為在意：	**另一方較為在意：**
形式	實質
經濟考量	政治考量
內部考量	外部考量
象徵意義	現實意義
短期	中長期
專屬成果	關係
硬體	理念
發展	尊重傳統
先例	此例
名聲	結果
政治議題	團體福利

不同信念？如果我自認正確而你也是，我們其實可善用這種信念差異。我們也許會同意找中立仲裁者，因為兩邊都自信會贏。假設兩派工會領袖無法就薪資提案形成共識，也可交由公投解決。

對時間看法不同？你可能比較重視現在，對方更重視將來。以商業術語來說，就是把將來用不同比例變現。分期付款就是基於這個概念。如果不必一次付清車款，買方情願掏出更多錢；賣方為了賣得高價，不在乎所得稍後才會入帳。

預期不同？已有年紀的足球明星與大球團談薪水，前者也許自認能贏得大多賽事，後者看法相反。基於這樣的不同預期，彼此或可同意基本薪資一般，打入季後賽則有鉅額獎金。

風險承受度不同？最後一項可以善用的差異：對風險的趨避性。來看看國際海洋法談判中的深海採礦問題。要獲得採礦權，採礦公司應支付多少給國際組織？對採礦公司而言，獲得暴利其次，避免重大虧損才是當務之急。深海探採是重大投資，他們希望能盡量減低風險。國際組織呢，則更在意獲利。若某些公司要從「人類共同遺產」中大賺其錢，其他人都該雨露均沾。

從這項差異出發，可導出對雙邊都有利的結果，風險可以跟獲利交換。研究了風險趨避這個屬性，最後達成的合約是：在公司打平投資之前（亦即高風險階段）費率很低；其後（

低風險階段）則調高費率。

詢問對方的偏好。讓各方利益能密合得天衣無縫，一種做法是先想出幾種對你一樣可取的方案，再請對方從中挑選。重點是，比較中意的，不等於可接受。然後你朝那個特定方案繼續努力，再變化出幾種選項，再度請對方挑出最喜歡的一個。如此，在來到決定階段前，你可將一切想得到的共同利益納入提議。舉個例子：經紀人代表運動明星詢問球團老闆：「年薪八百七十五萬美元簽四年約，跟一千萬簽三年約，哪個對你比較有利？後者嗎？好，那你看這樣如何：年薪七百五十萬，三年約，而要是佛南度當選MVP（最有價值球員）或球隊拿到冠軍，就多給一千萬年度獎金？」

如果要用一句話概括整合不同利益這個概念，可以這麼說：找出對方重視而於你無所謂的項目，反之亦然。利益、優先順序、信念、預期、風險趨避性的差異，都是結合雙方的基礎。「**差異萬歲！**」可以榮登談判者的座右銘。

幫對方簡化決定

談判能否成功，就看對方是否做出你希望的決定。那麼，你便應該努力讓這決定顯得容易。別讓對方覺得事態複雜，讓他們看到一個簡單輕鬆的選擇。我們往往執著在自身利益，幾乎沒想到要將對方納入考量，擴大談判格局。為了克服這種短視，你要設身處地。若你的提案對他們毫無吸引力，達成協議的機會相對微乎其微。

為誰設身處地？誰是你希望影響的對象？某位談判對手，沒現身的大老闆，還是某個委員會，或其他任何決策團體？跟「休士頓」或「加州大學」這類抽象名詞，別想談判成功。與其希望說服某「保險公司」做出決定，你該鎖定一名理賠專員。無論對方的決策過程如何繁複，你都有辦法弄清楚，只要你先挑中某個人——也許就是跟你打交道那位，設法瞭解他怎麼看待這件事情。

將目標鎖定一人，並不會讓你忽略全局。你是透過看清全局如何影響此人來準備因應之道。你可能因此對自己的談判角色有全新的認識，例如你發現自己該全力幫助對手，讓她能說服她面對的其他人。某位英國外交官曾如此描述自己的工作：「協助我的對手獲得新的指示。」假如你能把自己確實放在對手的處境，你就能看清他面臨什麼問題，怎樣的方案能加以解決。

什麼決定？在第2章我們討論過：分析對方目前看到的既有選項，你能釐清他關心的焦點為何。現在你準備提出能改變那些選項的辦法，讓對方做出你所盼望的決定。你的挑戰是

：為對方提供答案而非問題；提供輕鬆決定，別讓他頭大。你一定要聚精會神於決定的內容上，而那項決定遲遲無法敲定，往往因為事態不明。

通常你希望能盡可能拿到最多，卻也說不準那究竟該是多少。你也許這麼講：「說個數字，我會告訴你夠不夠。」對你似乎合理，但如果站在另一方的角度，你馬上知道你該提出更有力的要求。因為不管對方說出多少，你八成都只視為底限——進而要求加碼。要對方「放馬過來」，恐怕很難產生你想要的決定。

許多談判者也搞不清自己要什麼：口頭承諾還是具體行動，這兩者的差別卻很重要。如果你想要做個樣子，就別加碼什麼「談判空間」。如果你希望馬能跳過柵欄，別提高欄杆高度。如果你希望你的飲料能以兩塊美元從自動販賣機售出，就別標兩塊半給自己議價空間。

多數時候你希望獲得承諾——也就是協議。拿出紙筆，想到任何可能的方案隨時寫下。談判過程中，愈早開始起草方案，對釐清思考愈有幫助。準備多種版本，從最簡單的著手。對方大概會簽的條件是什麼？對他們對你都有吸引力的條件？有沒有辦法讓對方決策人數降到最低？你能不能提出一個方案，讓他們實施起來不費吹灰之力？對方一定會考量到落實的困難度，那麼你也應該先想好。

延宕還沒開始的工程，要比半途叫停容易；後者又比著手進行全新工程簡單。如果員工希望工作環境伴有音樂，公司會傾向讓員工實驗幾個星期而不加干涉，而不是重新制訂這類辦法。

我們多數人深受合理性的觀念影響，所以要研擬對方容易接受的選項，就是強化選項的合理性。當對方覺得這是一項正確的方案——就其公平、合法、榮譽等方面而言——則接受的機會將增大。

而對決定影響最大者，恐怕莫過前例。下功夫搜尋，找出類似情境下對方可能也會做出的決定或聲明，作為你的提案基礎。你的提議有了客觀標準，他們也比較容易首肯。對方應該會希望前後一致；考量他們過去的言行，你提出的方案將不只能合乎自己利益，也能符合對方觀點。

僅只威脅不足以成事。除了希望對方就提案內容給予意見，你也要考慮他們怎麼看待這項決定所衍生的結果。如果你是他們，什麼結果會是你最憂慮的？你又期望看到什麼？

我們常想藉著威嚇影響對方的決定，積極提議卻往往比較有效。努力讓他們看到你的提案能帶來什麼，同時設法從他們的立場來改善後續效應。怎麼能讓你的提議更具公信力？對方也許有哪些特定期待？他們希望是敲定最終方案的一方嗎？他們想要做出公開聲明嗎？有哪些點子，對你無傷大雅，卻可提高他們對提案的接受度？

要從對方觀點評估提案，不妨試想他們一旦採行，將可能面臨何種抨擊。用一、兩個句子描述對方對此決策可能做出的最猛烈批評，再用一、兩個句子作為他們的自我辯解。透過這種練習，你可以體會對手的談判限制。有此領悟，你將比較能提出合乎他們利益的提案，好讓他們做出對你有益的決定。

最後一個測試提案的方法是，把它寫成「可讓對方開口說好的提案」。設法讓對方一看你的提議，只消說個「好」字，實際面與操作面都不用操心了。能做到這個層次，顯然你已脫離被眼前的利益蒙蔽而忽略對方焦點的危機了。

面對複雜情境，要能有創造性思維。一切談判都可以由創造性思維開創契機，研擬一系列能滿足雙方的可能方案。因此，做選擇之前，先找出各種可能性。先發想，後決定。由共同利益與不同利益中，整合出讓彼此皆大歡喜的辦法。最後，設法讓對方可以輕鬆做決定。

5 堅持客觀標準

無論你多麼理解對方所在乎的，無論你多麼努力想出各種協調雙邊利益的點子，無論你如何珍惜彼此情誼，恐怕就是無法避免利益衝突這個血淋淋的現實。什麼「雙贏」策略都無法遮蔽這點。你希望租金降低，房東希望調高。你希望東西明天送到，廠商計畫下週出貨。你當然想要那間有景觀的大辦公室，你的合夥人何嘗不做此想。面對這些差異，不是把地毯一角掀起，整個掃進去就沒事了。

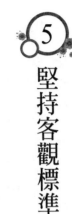

意氣之爭，代價不菲

一般而言，談判者慣用立場之爭來處理這類衝突——換言之，即討論能夠接受的尺度。一方可能執意要求實質讓步：「我說五千就是五千。」另一方也許慷慨出價，以換取認同或友誼。不管情況演變為誰最固執或誰最慷慨的角力，各方願意接受什麼，才是這類談判的重心。結果如何，全憑談判兩人意志的互動——彷彿雙方住在一個沒有歷史、沒有風俗習慣、沒有道德標準的孤島上。

如同第1章所談過，憑意志來消弭差異的代價高昂。彼此若是槓上，什麼樣的談判都不理想，不是你退就是他讓。不管是挑餐廳或籌組公司，或爭取孩子的監護權，如果沒將客觀標準納入考量，就達不到明智的共識。

既然靠意志解決紛爭的代價如此高昂，就該找到獨立於雙方意志之外的談判基礎——那就是客觀的標準。

運用客觀標準的案例

假設你跟一家不二價包商談房屋整修，他們說要加強地基，沒說該挖多深，只說他們建議〇．六公尺。而你覺得你這種屋子差不多該挖一．五公尺。

假設對方說：「屋頂照你的意思做了鋼梁，這會兒你該聽我的，地基不用挖那麼深。」腦筋清楚的人都不會同意。這可不是馬匹交易，你得堅持有客觀的安全標準為依據。「我說呢，也許我錯了，也許〇．六公尺真的就夠了，但我只是想確定這地基的強度、深度能保障屋子安全。政府對這種型態的建築有什麼標準規定嗎？這一帶其他建築都挖多深？這一區的地震風險怎樣？你會建議我們上哪兒找這些標準數據來解決這個問題？」

打造穩固地基不易，擬定可靠合約也不簡單。如果客觀標準能這麼清楚運用於屋主與包商的談判，其他談判何嘗不可——不管是商業交易、集體談判、法律訴訟，或國際事件？例如在價格談判中，與其讓賣方予取予求，你何不堅持以某種標準為依據，諸如市場價值、替代成本、帳面現值，或競爭者價格？

簡單說，這種途徑可確保你在談判時堅守原則，而不屈服於壓力。該全神貫注的是問題本質，不是雙方人馬的角力。對道理保持開放，對威脅堅決說不。

原則性談判可以和諧有效地達成共識。無論標準是在公平、有效或科學方面，只要導入的標準愈多，談判獲得公平結果的機率就愈大。雙方提出愈多過往或社會慣例，你們從中獲益的機會愈高。而且，合乎前例的協定具有更強效力。簽下一份標準租約或符合產業慣例的銷售合約，任一方都比較不會覺得受到欺壓以致企圖翻盤。

不斷搶佔上風有損彼此關係，原則性談判則是加以維護。當你們不一味企圖壓制對方，而是根據客觀標準討論怎麼解決問題，彼此就好商量了。

由客觀標準獲得共識，也比較不會產生答應又反悔的時間浪費。在立場談判中，談判者大部分時間用在攻防彼此立場；運用客觀標準，則可把時間有效用在討論可能的規範與解決辦法。

當談判涉及多方，採用獨立標準更加重要。面臨這類情況，要進行立場談判非常困難。首先各方要先結為派系，主張某種立場的愈多，要改變立場的困難度就愈高。同樣地，若每位談判者事事得回去請示，大夥兒想找出共同立場的過程可想而知更加曲折。

那則海洋法案例中的一段插曲，即可為採用客觀標準寫下有力註腳。印度代表第三世界集團，提議凡在深海區域採礦，皆得繳付特許經營保證金：每個區域六千萬美元。美國認為此費用不合理而拒絕，雙邊陷入僵局，談判淪為意氣之爭。

此時，有人發現麻省理工學院（MIT）曾就深海採礦發展出一套經濟模型。這套模型逐漸被雙方認可為客觀標準，分析了所有可能費用對採礦經濟造成的影響。那位印度代表詢問他的提案所產生的影響，驚訝地發現他提出的根本是天價——礦產能帶來任何收益之前的五年期應付款——這意味沒有任何公司有能力進行採礦。他宣布重新考慮立場。另一方面，此模型同樣給美方代表上了一課，在此之前，他們的一切相關訊息幾乎片面來自採礦公司。此模型指出，經濟上來說，某種程度的保證金是合理的。於是，美國也調整了立場。

沒有人讓步，沒有人示弱——只有講理。經過冗長談判，達成暫時性共識，彼此皆感到滿意。

麻省理工學院的模型提高了談判成功的機率，減低成本高昂的故作姿態。它導致比較理想的結果，既可吸引各家公司加入採礦，**且能**為全球各國帶來收益。一個可針對假設進行推論的客觀模型，讓雙方相信他們做成的結論是合理的，強化了談判者間的關係，也更確保了各方的遵守意願。❸

找出客觀標準

原則性談判涉及兩個問題：如何找出客觀標準，如何將之運用於談判中？

無論用哪種談判手法，事先準備都很重要，原則性談判自然也不例外。所以，上談判桌前，先準備一些可用的標準，思索它們各自帶來什麼樣的意義。

---

❸想知道更多關於海洋法談判的有趣案例，請參考詹姆斯・薩本紐斯（James K. Sebenius）所著《海洋法協商》（*Negotiating the Law of the Sea: Lessons in the Art and Science of Reaching Agreement*, Harvard University Press, 1984）。

公平標準。通常，可作為參考基礎的客觀標準不只一種。舉個例，你因車子遭到破壞向保險公司要求理賠。與理賠人員討論車子價值時，你可能會考慮下列估價法：⑴車子原價扣除折舊；⑵車子可能售出的價格；⑶同年度同款車在汽車鑑價網站上的的標準市價；⑷更換同級車所需代價；⑸法庭可能認定的價格。

根據談判主題，你也許會建議下列標準：

市場行情	**法庭認定**
前例	道德標準
科學判斷	同等待遇
專業標準	傳統
效能	互惠
成本	其他等等

最起碼條件，客觀標準要獨立於各方意願之外。不僅如此，為確保協議品質，它還需具備合理性及可行性。例如在國界糾紛當中，以具有某種實體特質如河流為界，要比什麼河岸

以東三公尺的想像界線容易多了。

客觀標準要能夠適用雙方，至少理論上如此。想知道某個準則是否合理，是否獨立於各方意志之外，可以用相對適用性加以檢驗。賣屋給你的仲介拿出標準格式的合約，你最好問他，**他們**買屋時是不是也用同樣的合約。國際事務上，某些民族的自決原則簡直惡名昭彰，他們認定自己有權自主，卻不許對方講這種話。中東、喀什米爾、塞普勒斯即是三個明顯的例子。

合理程序。要產生超脫於意願之外的結果，你可採用公平標準來處理實質問題，或以合理程序來解決利益衝突。就拿古老的兩個孩子分蛋糕的例子來說吧：一個切，另一個先選，誰都不能說不公平。

這道簡單的程序也可見於海洋法協商，這可說是談判史上最複雜的案例之一。有一度，因深海採礦區的分配問題又使談判陷入困境。根據初步協議，私營企業擁有一半礦場，另一半則屬於聯合國的採礦組織——進取公司（Enterprise）。前者具備富裕國家擁有的技術與專業，懂得如何挑選最佳礦場，貧窮國家於是擔憂進取公司處於劣勢。

後來想出的辦法是，凡想在深海採礦的私營企業，都必須先提報兩個區域給進取公司。進取公司先挑一個，再發另一個區域的採礦執照給申請企業。在無法得知運氣如何的前提之下，私營企業勢必盡力找出兩個條件相當的礦場。就這麼一道簡單程序，促使這些公司為共同利益發揮卓越專業。

「一個切，另一個先挑」的變奏之一，是雙方先協商出合理安排，再決定各自角色。以離婚協議而言，在決定誰擁有監護權之前，雙方可先同意另一方的探視權（及責任）。經過這道步驟，之後雙方都比較願意同意自己認為合理的探視權。

考慮程序性方案時，別忘了其他弭平差異的基本手段：輪流、抽籤、找第三方決定等。一般來說，對那些共同繼承大筆遺產的繼承人，輪流最為有效；之後大家僅可彼此交換，或先嘗試分配，再決定是否接受，雖然抽籤、丟銅板之類的機率手法自有其公平性。結果也許不平等，但大家擁有的機會卻完全相同。

讓第三方在共同決定的過程中扮演關鍵角色，這種方法由來已久，巧妙各自不同。爭執各方可將特定問題交由專家指導決定，或請中間人協助眾人達成決議，或請仲裁者做出有公信力、有約束力的決定。

以美國職棒為例，慣常以最終最佳報價仲裁（last-test-offer arbitration）解決球員薪資糾紛。雙方各自提出最後報價，交由仲裁者挑選。理論上，這道程序給予各隊不得不合理出價的壓力。在棒球界與明訂以此法處理公職員工紛爭的某些州，這似乎比較能夠解決問題；相形之下，類似糾紛靠傳統仲裁方法則問題較多。不過，若雙方無意和解，仲裁者就會看到兩個極端報價而頭痛不已。

憑客觀標準協商

找出了客觀的標準與程序，又該如何把它們搬上談判桌？

請記住三項基本要點：

1. 每個議題都以共同尋找客觀標準為目標。
2. 該採用何種標準以及該如何評估，要充分講理。
3. 只對原則讓步，絕不屈從壓力。

簡言之：堅持客觀標準，但要保持彈性。

每個議題都以共同尋求客觀標準為目標。如果你想殺價買屋，你可以這樣開頭：「好，你想拿高價，我想要低價，我們一起看看**合理**價格該是多少。哪些客觀標準最適用呢？」你跟對方利益也許衝突，卻有共同目標：訂出合理價格。你可以先建議幾種標準──折舊與通膨調整後的房屋成本、近期同區類似房屋的售價、獨立鑑價──再請賣方也提出建議。

詢問背後的理論。假如賣方率先出價：「這房子售價二十五萬五千美元。」請他解釋背後道理：「請問這數字怎麼來的？」把對方視為跟你一樣想依據客觀標準找出合理價格的伙伴。

先同意原則。在考慮有哪些條件之前，先決定採行哪些標準。對方提出的每個標準，都是你可以調過頭來說服他們的工具。如果以他們的標準來看，你的立場更穩，而他們也比較難以推翻。「你說瓊斯先生以二十六萬美元賣掉隔壁的房子，你的意思是這房子的售價應該以附近類似房屋為準，對吧？那麼我們來看艾斯華斯街跟牛津街口那間，以及百老匯街跟戴納街口那間的售價怎樣。」首肯之所以困難，因為得接受別人的意見。一旦標準由自己提出，遵守就不是示弱，而是信守承諾的擔當。

講理並且接受道理。所謂談判是**共同的**努力，不管你準備了多少客觀標準上桌，還是要保持開放的胸襟。大多時候，談判者會採用前例等客觀標準，只為支撐他們的既定立場。例如警察工會堅持調薪數字，並舉出鄰近城市警方調薪數據。這類運用手法，往往徒使對方更頑守立場。

更有甚者，有些人開宗明義便強調他們的立場就是基本原則，全然拒絕考量對方利益。「這是原則問題」成了理念聖戰的口號。實際的差異被拉高到原則層面，談判者手腳被綁得更緊。

這**絕非**原則性談判所指。堅持以客觀標準為談判依據，不等於堅持以**你提出的**標準為依據。一種合理標準，並不排斥其他合理標準的存在。或許你不認同對方以為合理的，但你要學學法官，儘管傾向某方（就此例而言，你自己的立場），也要能接納採行不同標準或用不同方法採行某種標準的論點。各方舉出不同準則時，要能客觀決定採用什麼，像是大家曾用過哪些標準，或哪些較為廣泛採用。實質問題不該憑意志力決定，客觀標準的選擇也不該。

一個案例或許有兩種標準（如市場行情與折價成本），雖會導致不同結果，但雙方都同意其合理性。這時，不管是折衷，或在兩種標準決定的結果中做出妥協，都絕對合情合理。任一結果仍都超然於各方意願之上。

如果經過充分討論，你仍無法認同對方提出的標準最為恰當，也許可建議做個檢驗。把提出的各項標準交給雙方都尊敬的人，由他決定哪個最適合解決你們的問題。客觀標準原該具備合理性，所謂合理性意味普遍性，所以這個提議沒問題。你並非請第三方幫你們解決實質糾紛——只是指出應該使用哪種標準。

尋求適當原則作為決定依據，跟純粹拿它支撐立場或論點，兩者有時很難區分，但差別很大。有原則的談判者對有道理的論點保持開放，擇定立場的談判者則不。原則性談判者能有強大的說服力影響對手配合，就是因為既講理、又堅持協議結果以客觀標準為依據。

絕不屈從壓力。再次回到與包商談判一例。如果他說只要你在地基深度上讓步，他就雇用你小舅子呢？你或許會說：「我小舅子的工作跟房子的安全地基該有多深沒關係。」要是他接著以抬價要脅呢？你依然不改其志：「那一樣要看問題本質。我們看看其他包商行情如何。」或是「你把成本拿給我看，我們可以談個合理利潤。」如果對方說：「別這樣嘛，你信得過我的，不是嗎？」你會說：「信賴是另一回事。重點是究竟地基該挖多深才安全。」

壓力有多重面貌：賄賂、威脅、操弄信賴，或一味拒絕讓步。不管哪種情況，有原則的反應都一致：請對方說明邏輯，建議你認為適用的客觀標準，並堅持只能以此為討論依據。可以因道理轉圜，但絕不屈從壓力。

誰會佔上風？每個案例都不同，但整體來說你比較有利，因為你除了有堅強意志，更有合理性支撐，加上令人折服的講理態度。要你拒絕任意讓步比要對方提出其他客觀標準容易。比起不肯退讓卻拒絕講理，堅持道理是個比較容易捍衛的立場——無論是在公開或私下皆如此。

至少，你在程序問題上多半有利，你可以把立場之爭扭轉為尋求客觀標準。就此意義來說，原則性談判對策要勝過立場之爭。堅持以講理為談判基礎的人會使對手靠攏，因為也只有講理，他們才有機會獲得實質利益。

對那些容易被對手操弄立場壓制的人來說，原則性談判的實質效力也很好。透過原則性談判，你不動如山，卻合情合理。原則是你有鋼鐵般意志的伙伴，驅策你不向壓力低頭，可謂「正義創造力量」。

要是對方怎麼也不肯退，也不為立場提出有力解釋，談判就到此為止了。就像你走進一間不二價商店，買或不買，一翻兩瞪眼。轉身放棄談判以前，你應該再次確認自己有沒有看漏了什麼可解釋對方立場的客觀標準；如果有，而你也不想兩手空空離開談判桌，那就根據這些標準繼續找出協議。你並非屈從於對方的專制立場，而是根據相關的標準努力斡旋。

若對方不肯讓步，也找不出任何可接受的原則基礎，你就要評估一下：是接受對方不合理的立場呢，還是另謀出路。前者固然有實質利益，轉身離去卻能帶來有原則的談判名聲。

將談判桌上的討論從對方肯做什麼化為雙方該如何處理問題，並不能結束爭執，也不見得能帶來令人滿意的成果。但它的確是你可以積極努力的對策，而不用擔心付出立場之爭的昂貴代價。

「這是公司規定」

我們來看一則真實案例，其中一方採立場爭論手法，另一方則是原則性談判。主角湯姆是我們的同事，他的車有一天被垃圾車撞個稀爛。車子有保險，但究竟能拿到多少賠償金，就靠湯姆自己跟理賠專員談了。

保險公司理賠專員	湯姆
我們研究了你的案子，認為適用公司規定，換言之，你可以領到一萬三千六百美元。	好的。請問你們如何得出這個數字的？
我們認定這部車值這個價錢。	我明白，但你們是用哪種標準認定的呢？你知道哪兒可以讓我以這筆錢買到同級車？
那你要多少？	我希望能拿到公司規定我該拿的。我看到一輛車況相當的中古車，一萬七千七百美元，加上營業稅、消費稅，大概一萬九千美元。

一萬九千美元！太離譜了！	我不是跟你要一萬九千或一萬八千或兩萬美元，我只是要獲得合理賠償。我應該拿到夠我換車的金額才叫合理，你同意吧？
好吧，我給你一萬五千美元，最多這樣了，這是公司規定。	公司如何訂定這筆金額的呢？
聽著，一萬五千美元，只有這麼多，不要就拉倒。	一萬五千美元也許合理，我不曉得。如果你只能照公司規定，我當然可以理解。但除非你能客觀說明為什麼我只能拿到這個數字，不然我想，上法庭會有更好的解釋。我們何不再研究研究，另外約個時間討論？星期三早上十一點你方便嗎？
···	
嗨，葛利芬先生，我手邊有一份今天報紙廣告，有一輛車跟你的完全同年同款，一萬四千八百美元。	好，那里程數是多少呢？

七萬八千公里。怎樣？	因為我的只跑了四萬公里。根據你的手冊，這價值提高多少呢？
我看看……是一千六百五十美元。	我們假設以一萬四千八百美元為基礎，加起來就是一萬六千四百五十美元。請問廣告有強調車子裝了全套科技設備嗎？
沒有。	那又值多少錢？
一千一百美元。	那有沒有自動防眩後視鏡呢？
⋮	

半小時後，湯姆帶著一張一萬八千零二十四美元的支票離開。

第三篇 對，可是……

6. 若對方具有優勢呢？【準備好最佳替代方案】

保護自己／充分善用籌碼／當對方佔上風

7. 若對方不配合呢？【採用談判柔道技巧】

談判柔道技巧／運用單一主題調解程序／
帶領對方投入：瓊斯房屋仲介公司與法蘭克・騰伯個案

8. 若對方要手段呢？【馴服難纏對手】

如何談妥遊戲規則？／常見詭計／別當受害者

6 若對方具有優勢呢？

【準備好最佳替代方案】

談了這麼多的利益、方案、標準等等，如果對方具有談判優勢，前面談的那些東西有什麼用處？當對方比較有錢或人脈好，擁有較多人馬或更先進的武器，你該如何是好？

如果情勢一面倒向對方，的確很難有所作為。任何園藝指南都無法教你在沙漠中種出百合、在沼澤中種出仙人掌。如果你渾身上下只有一張百元美鈔，卻看中了古董店裡一套價值數千美元的純銀喬治四世茶具，你最好別期待能靠談判技巧創造奇蹟。一切談判都存在難以撼動的現實。

當對方具備莫大優勢時，任何談判法最多只能達到兩個目的：**第一**，保護你不致做出你原該拒絕的決定；**第二**，幫你善用手邊資源，以達成最符合自身利益的協議結果。讓我們一一探索這兩個目標。

保護自己

當你想趕上飛機的當下，搭上飛機這個目標似乎至關重要；但回頭想想，其實搭下一班也沒什麼差別。談判也常讓你面臨類似的情境。你深怕一場重要的商業談判談不出結果，畢竟已投入了那麼多的時間精力。這些情況有個很大的危機：你會太傾向於配合對方——以致太快投降。「讓我們達成決議，結束這一切吧！」心中那旋律愈來愈強，導致你簽下原本該拒絕的合約。

制訂底線的代價。為避免這種結局，談判者常會預設可接受的最壞結果——即所謂「底線」。如果你是買方，底線就是準備付出的最高價格；若你是賣方，底線就是你願意接受的最低金額，例如你跟另一半把房屋售價訂在三十萬美元，同時你們都同意最低不能少於二十六萬。

有了底線，比較擋得住當下的壓力與誘惑。再以房屋買賣為例，某位買家最高只能出到二十四萬四千美元，而所有熟悉內情的人都知道：你前不久才以二十三萬五千美元買下這房子。議價優勢在你這邊，仲介跟在場所有人大概都等著你決定。這時，早先定下的底線將保護你，讓你不致做出將來要後悔的決定。

如果你這邊不止一人，聯合底線有助於確保沒人會把你可能接受較低出價的意願走漏出去。這樣的做法可以規範律師、仲介等人的權限，「盡量賣到最好價位，但不能低於二十六萬美元。」你可能會如此吩咐。如果你這一方是各報業工會組成的鬆散聯盟，準備與出版商聯盟談判，共同預設底線可以避免任一工會受對方出價引誘而脫隊。

然而，底線帶來的保護網可能代價不斐。你也許將無法受惠於過程中獲得的各項資訊。依定義解釋，所謂底線即代表不可變更的立場。於是你打定主意關閉耳朵，不受對方言語影響而調整這條底線。

底線也會扼殺想像力。因為這條底線，你將沒有意願創造一個能包容雙方不同利益、讓彼此更加受惠的解決辦法。任何談判的變數幾乎都不只一個。與其堅持至少二十六萬的房價，也許二十三萬五千加上其他配套反而對你更好，像是握有優先承購權、延後成交、兩年倉庫使用權、兩英畝牧草區的買回權。硬是堅持底線的話，這些別出心裁的點子大概都不會浮現腦海。可以說，本質僵硬的底線幾乎注定就是**太過**僵硬了。

再者，通常底線會設得太高。設想你跟家人圍坐早餐桌討論這棟屋子的底價，一名家庭成員首先發難說二十萬美元，另一個回應：「我們至少該設在二十四萬。」第三個插嘴：「二十四萬？**我們**家？那簡直是搶劫。這屋子至少值個三十萬。」在場誰會反駁？畢竟價格愈高每個人拿得愈多。一旦決定，這條底線就很難撼動，以致你們無法在最佳時機把它賣掉。相反地，在其他情況下底線也可能訂得太低；這種情形下，你其實該把房子先租出去而不是賤價拋售。

簡言之，預設底線雖然能使你免於做出錯誤的決定，卻也可能導致你既無法想出更明智的辦法，也無法接受更理想的提議。什麼條件最值得接受？這實在不是一個任意決定的數字所能衡量的。

有什麼其他替代方案嗎？有什麼辦法能讓你既不會簽下不該簽的合約，也不會拒絕該接受的協議？答案是有的。

瞭解你的「最佳替代方案」。一家人在決定售屋底價時，該問的不是「應該」可以拿到多少，而是萬一在某段時間內房子沒賣掉的話該怎麼辦。要一直放著待售嗎？有打算出租、拆掉、改成停車場、免費讓人進住但必須負責重新油漆之類的嗎？考慮所有因素之後，哪個選項最吸引人？這些選項跟賣出房屋的最高價相比怎樣？很可能會比以二十六萬把房子賣掉更棒。另一方面，二十二萬四千的售價，也許還勝過一直無法脫手。一條任意選定的底線實在不能反應出全家人真正的利益。

談判是為了獲得比談判前更好的結果。不談判會有哪些結果？有什麼替代方案？你的最佳替代方案是什麼？面對所有的提議，都必須以此衡量。唯有如此才能讓你懂得拒絕太差的條件，也不致錯失其實很好的提議。

最佳替代方案不僅是比較理想的衡量指標，更大的好處是保留彈性讓你探索更多有創意的解決方案。你不會排除掉不符底線的一切提議，而是拿來與最佳替代方案相比，看看是否更能滿足你的利益。

欠缺最佳替代方案的風險。如果沒想清楚無法達成協議會有何結果，你無異於是閉著眼睛談判。例如，你可能過度樂觀地以為總有其他辦法：其他待售房屋、其他二手車買主、其他水電工、其他可找的工作、其他大盤商等。即使已有替代方案，你仍可能對談判失敗的結果過度樂觀。也許你沒真正嘗過訴訟的痛苦，或慘烈的離婚、罷工、軍備競賽，甚至戰爭。

一種常見的錯誤，是把所有選項加總看待。你可能告訴自己，萬一要求調薪不成，你隨時可以去加州或去南方，或是回學校、寫作、到農場打工、搬到巴黎，或什麼什麼的。你心裡覺得所有這些選項的總和，實在要勝過一份工作、一份固定薪水。問題是，你不可能擁有全部替代方案。如果談判不成，你只能從中選擇其一。

而在多數時候，更危險的情況是：你**太渴望**跟對方達成協議了。沒有先想好任何替代方案，會讓你對協商失敗的結果過於悲觀。

明知最佳替代方案有多麼重要，你仍可能懶得行動。你期待這個或下個買家會提出令人驚喜的價格，你可能不願思考交易不成該如何是好。也許你告訴自己：「就先談談看吧，看情況怎樣再說。」然而，事先準備好至少一個方案至關緊要，這樣你才有辦法進行一場漂亮的協商。該不該同意某個提議，全看它是否勝過你的最佳替代方案。

拉好警報線。雖說最佳替代方案才是用來評估提案的指標，多準備一種測試方式卻也不壞。你可以訂出一個距離完美期待很遠的標準，這比最佳替代方案更能讓你警覺事態發展愈來愈不如人意。接受這條警報線以下的條件之前，先暫緩一下，重新審視局面。如同底線的作用，這條警報線可以用來約束代理人：「當初買這房子加上利息是二十五萬八千美元，沒問過我之前，不能以更低的價格出售。」

警報線可以提供一些保留空間。如果在觸動警報線時你決定找中間人進來，還可以有轉圜的空間。

充分善用籌碼

保護自己不做出錯誤決定是一回事，充分掌握籌碼創造明智決議又是另一回事。如何進行?答案同樣在最佳替代方案裡。

最佳替代方案愈好，就愈佔優勢。人們以為談判優勢取決於財富、政治人脈、體格、朋友、軍力這類資源，事實上，雙方的相對談判優勢主要取決於誰比較安於見到協議不成。

試想一位富有的旅人想向孟買車站的小販買個價格合理的小銅鍋。這小販窮歸窮，對市場行情可精得很。如果這筆生意談不成，他大可賣給其他人。憑經驗，他很懂得抓準時機，也知道該出價多少。這位旅人或許有錢有「勢」，然而在這場談判裡他其實居於下風，除非他對這東西的價格有概念，或知道還可以上哪兒找到類似物品。他相當明白：自己或者得跟這個小鍋擦身而過，要不就得當冤大頭。財富沒有增加他的談判優勢，反倒削弱他的殺價能力。想將財富化為談判優勢，他得透過財力去瞭解：要花多少錢，才能在其他地方買到相當或更漂亮的銅鍋。

試想一下你在沒有其他工作機會的情況下去面試的感受——有的只是些不確定的線索。想想雙方談論薪資時的可能情形。再試想你若已有兩個工作機會在手，薪資談判又會怎麼進行?兩者差異就在於優勢。

個人之間的談判如此，組織間的談判亦然。拿大型企業跟打算對企業工廠增稅的小鎮來說，兩者之間的談判優勢不在預算大小或政治勢力，而在最佳替代方案。在一個案例中，有家企業的工廠座落於小鎮邊境之外那麼一點距離，而小鎮成功地將這公司的「商譽支付」（goodwill payment）由每年三十萬美元提高到兩百三十萬。他們是怎麼辦到的？

因為小鎮方面非常清楚，萬一要求不成，下一步該怎麼走：他們將擴大小鎮界線把工廠納入，並課以最高住宅稅率，相當於兩百五十萬美元一年。這家企業承諾過會持續經營工廠，完全沒有準備替代方案。乍看之下，企業勢力龐大，為小鎮提供絕大多數的工作機會，之前小鎮經濟極度不振，關廠或遷移勢必對小鎮造成莫大衝擊；鎮方代表的薪水也都來自它繳的稅金，他們還要索求更多。而企業擁有的這些籌碼卻沒派上什麼用場，因為他們沒把這些條件化為理想的最佳替代方案。相較於這家全球數一數二的大型企業，小鎮更具談判優勢，因為他們準備了厲害的最佳替代方案。

備妥你的最佳替代方案。努力探索你若沒達成談判目標能做些什麼，將大幅強化你的優勢。好的替代方案不會自動擺在眼前，通常得自己去找。你可以由三道明確的步驟下手：⑴設想萬一談判目標沒成，你應該會採取的各種行動；⑵將較有把握的想法加以改進，變成實際可行的選項；⑶挑出看來最理想的選項。

發想是第一道程序。假如到了月底，X公司沒提供讓你滿意的工作機會，你準備做些什麼？接受Y公司的工作？放眼另一個城市？自己創業？還有呢？對勞工工會而言，談判目標的替代方案可能包含呼籲罷工、轉為非契約工、前六十天罷工通知、尋求仲裁者、呼籲工會成員「合法怠工」。

第二階段是改善其中最好的想法，化為真正可行的方案。如果你打算到芝加哥工作，試著把這念頭變成至少在那兒有一份工作機會。有了那樣一個機會（或甚至瞭解到你沒有辦法），你就很可以明智評估紐約的那份合約。在工會仍處於談判階段時，應該把尋求中間仲裁者跟準備罷工的想法化為確切的行動草案。例如，萬一合約到期而仍未達成協議，工會將由成員投票決定是否展開罷工。

準備最佳替代方案的最後一步：挑出最好的選項。如果談判目標落空，現在你準備著手哪一項替代方案？

經過這一系列的努力，此刻你握有了最佳的替代方案。把每項提議都拿來跟它比較；替代方案愈好，你提高協商條件的能力就愈好。知道自己如何應付談判落空的局面，可以讓你坦然面對整個談判過程。看得到下一步，你就不那麼擔心談判破裂。這樣的心態愈堅定，你就愈能明確表達自己的利益，捍衛應當採取的談判基礎。

要不要讓對方知道你的最佳替代方案，要視對方想法而定。如果選項非常誘人（隔壁房間就坐著另一位顧客），則讓對方知道對你比較有利。如果他們以為你沒有什麼好退路而實際上你有，說出來幾乎是不會錯的。但假使你的最佳選項比他們以為的還差，講出來反而會削弱了你的氣勢。

考慮對方的最佳替代方案。你也要設想對方在談判不成的情況下能有的抉擇。瞭解愈深刻，你上談判桌的準備就愈充足。瞭解他們有何退路，你就能實際推測談判時的狀況。

也許他們對談判落空的後路太過樂觀，也許他們模糊地相信選項甚多，而且以為各個選項的好處是可以加總的。如果對方看來如此，你可以幫他們想清楚，那樣的期望是否切合實際。

對方的最佳替代方案有可能勝過你能提出的一切合理建議。假設你這方是社區團體，附近在蓋發電廠，你們很擔心將來可能排放的有毒氣體。電力公司的最佳替代方案是：完全置之不理，或一邊應付你們一邊繼續興建。要讓對方正視你們的顧慮，可能得靠訴訟要求撤銷其興建許可。換句話說，當對方的最佳替代方案好到讓他們沒必要跟你討論問題，就要想想有沒有辦法可以扭轉情勢。

若雙方的最佳替代方案都很棒，那麼，最好的談判結果（對兩邊而言都是）也許是一拍兩散。這種情況下的理想協商是，雙邊愉快而有效地認識到，彼此都該另覓對象才能獲得更好的利益。

當對方占上風

如果對方有槍砲，你當然不會希望談判演變成槍戰。當對方在武力、經濟方面愈強勢，把談判聚焦於問題本身對你愈有利。他們肌肉發達而你只有原則時，你最好盡量強調原則的重要性。

好的最佳替代方案讓你在談判時更懂得分析優劣。盡量設想與改善這些方案，談判力量就愈強。藉諸知識、時間、金錢、人、關係與智慧，找出能讓你不受對方牽制的最好選項。當你愈能坦然接受談判落空的結果，你在談判桌上的影響力愈大。

所以說，最佳替代方案不僅幫助你判斷什麼是可接受的談判底線，說不定還能把底線拉高。面對握有優勢的談判對手，想清楚最佳替代方案可能是最有效的準備動作。

7 若對方不配合呢？
【採用談判柔道技巧】

也許吧，討論雙方利益、選擇方案、客觀標準是明智有效又可維持和諧的辦法；但如果對方不配合呢？你試著分析彼此利益，他們則斬釘截鐵地表明立場；你想找出讓雙方獲利最大的可行辦法，他們則抨擊你的建議，只關心他們自己的好處；你批評問題，他們批評你。要怎麼做，才能使他們跳脫立場，專注於事件本身？

要解決這個問題，有三種基本手段。首先，把焦點放在**你**能做什麼。你自己可以不管立場，只管問題本質。這種方法就是本書的主題，是深具感染力的方法，為所有願意討論利益選擇與標準的人打開談判成功之門。確實，一旦你開始帶動，局勢是會改觀的。

如果這招無效而對方仍堅持立場之爭，你可以祭出第二招：專注於**他們**能做什麼。對方用力地捍衛立場，你則將他們的注意力導向問題本身。我們將這種策略稱為**談判柔道技巧**。

第三招的重點是：**第三方**能做什麼。當原則性談判跟談判柔道術都無法改變對方時，可以考慮請訓練有素的第三方介入，帶領你們將重點集中在利益、選擇方案及標準上。單一主題調解程序（one-text mediation procedure），可能是第三方處理這種局面最有效的工具。

我們已經探討過第一種手段（原則性談判）；本章將說明談判柔道技巧及單一主題調解程序。結尾前，則以一則真實的房東與房客談判案例為本所發展出的對話，具體描繪原則性談判與談判柔道技巧結合時，可以如何說服沒有意願的一方加入談判。

談判柔道技巧

當對方強調其立場，你可能想批判一番然後回絕。當他們抨擊你的提議，你可能想起身捍衛，更固守立場。當他們攻擊你，你可能有自我辯駁並反擊回去的衝動。簡單說，當他們用力推你，你本能會想推回去。

你要是真那麼做，雙方就掉入立場之爭的遊戲裡。拒絕對方提議只會讓他們更堅持；捍衛自己的提議也只讓**自己**更鑽牛角尖，把談判搞成意氣之爭。你會發現自己墮入不斷攻防的惡性循環，把時間浪費在無謂的拉扯而已。

既然反推回去沒用，那什麼有用呢？要如何避免行動引發反應的循環效應？答案是**不要**

反推回去。他們堅持立場時，不要拒絕他們。他們批判你的想法，不要加以捍衛。他們攻擊你，不要攻擊回去。用拒絕回應來打破惡性循環。你並不反推，只將他們的攻擊力道帶向問題。就像東方武術裡的柔道，避免正面與對方交鋒；反之，運用技巧側開身，借力來使力。別抵抗對方的力道，而是將這股力道誘導至探索雙方利益、思考更多有利彼此的方案，以及尋找其他適用的客觀標準。

在現實裡，「談判柔道技巧」到底該怎麼進行？如何才能閃過對方攻擊，借其力量解決問題？

一般來說，對方的「攻擊」涵蓋三種：強加立場要你接受、攻擊你的意見，和攻擊你。我們來看看，講求原則的談判者能如何一一化解。

別攻擊對方立場，找出立場背後的理由。對方拋出立場時，不用接受也不要拒絕，只要視之為一項可能的方案，探索立場背後存在的利益，瞭解那所代表的原則，思考各種改善方法。

假設你代表準備罷工的教師聯盟，想爭取加薪並要求不得將年資當成裁員的唯一考量。校方董事會提案包括全面加薪兩千美元，但保留片面裁員的裁定權。你要設法瞭解隱藏在這立場底下的利益；「若調薪超過兩千美元，對預算會有怎樣的影響？」「你們為何堅持握有片面解雇老師的權力？」

你**假定**他們採取的每個立場，都真心基於想滿足各方基本要求的動機。請他們說明，他們如何認為那些立場能解決眼前的問題。先將學校董事會的立場視為可行方案之一，客觀檢驗其滿足各方利益的程度，或能進行什麼樣的修正。「薪資全面調高兩千美元，將如何提高本校薪資競爭力，以確保學童擁有優秀教師？」「各位如何能讓所有教師信服，裁員評估完全公正？我們相信各位的公正性，但各位離開之後呢？我們怎能眼看自己的生計與家人福祉任由某些人任意決定呢？」

探討對方立場背後的原則主張。「為什麼兩千元調薪叫做合理？根據是什麼？是參考其他學校的給付標準嗎？還是根據類似師資程度的平均薪資？」「你們認為如果必須裁員，應該先選資淺的，還是資深的（也是薪資比較高的）？」

要引導對方改善眼前方案，可假設他們某項立場成真的狀況加以討論。一九七〇年，一位美國律師獲得機會訪問埃及總統納瑟（Gamal Abdel Nasser），談以阿衝突。律師問：「你希望（以色列總理）梅爾夫人（Golda Meir）怎麼做？」

納瑟說：「撤退！」

「撤退？」律師問。

「從阿拉伯所有領土完全撤退！」

「無條件撤退嗎？沒有從你們這兒得到任何東西？」這美國人不可置信地問。

「什麼都沒有。那是我們的領土。她應該承諾撤退。」納瑟回答。

這位美國人問：「如果明天早上，梅爾夫人出現在以色列的電視及廣播說：『我謹代表以色列人民在此承諾，以軍將從一九六七年以來所佔領的全部領土撤退，包括西奈半島、加薩走廊、約旦河西岸、耶路撒冷、戈蘭高地。我要向各位報告，阿拉伯國家並沒有給予我任何承諾。』你說說看，梅爾會怎樣？」

納瑟失笑出聲：「啊，那**她**麻煩可大了！」

或許是領悟到埃及對以色列提出的要求太過離譜，當天稍晚，納瑟發表聲明願意接受停火協議。

別為你的主張辯解，歡迎批評與指教。談判有太多時間花在相互批判。不要抗拒對方的嚴詞批評，相反地，主動提出邀請。不是要他們接受或拒絕你的想法，問他們覺得其中有什麼不妥。「這個薪資提案欠缺了哪些考量？」從負面批評中找出背後隱藏的利益，根據他們的角度改進這項提案。這麼一來，批判不再是阻礙，而是談判過程中邁向協議的重要元素。

「就我的理解，你們是說無法給七百五十位教師超過兩千美元的全面調薪。如果我們接受這個提案，但附加一項條文聲明：當全職教師少於七百五十位，就把省下的薪資作為現職老師每月的獎金，各位認為如何？」

另一種正面引導批評的手法：顛倒情勢，請他們提供建議。請教對方，若他們處在你的位置會怎麼做。「當工作危在旦夕，你們會怎麼辦？我們的成員非常擔心失去工作，實質薪資縮水讓他們極度焦慮，他們甚至說要請激進工會來當代表。請問，如果由你們來領導教師聯盟，你們會怎麼做？」於是你帶領他們從你這個角度看事情，這時，他們或許會想出一些能解決你難處的方案。「這問題有部分原因似乎是老師覺得意見不受重視。如果讓他們跟學校董事會固定會談，是不是會有幫助？」

把對你的人身攻擊，導向以問題為目標。當對方對你做出人身攻擊（這種事屢見不鮮），你要按捺自衛與反擊的衝動。穩住坐好，讓他們盡量發洩情緒；注意聆聽，讓他們知道你都有聽進去。當對方說完時，將這些衝著你來的砲火轉為朝向問題。「當各位提到罷工表示我們不在乎學童，我理解你們對孩子受教權的關切。各位要知道，那也是我們的重點。這些小朋友是我們的孩子，也是我們的學生，我們希望罷工盡早落幕，趕緊回去教導他們。現在我們兩邊能夠做些什麼，以盡速達成協議？」

提問，暫停。談判柔道高手善用兩種工具。第一，用問題代替聲明。聲明會引發抗拒，問題則帶來答案。提問讓對方有機會表達意見，增加你對他們的瞭解；提問是一種挑戰，可讓對方正視此事件。面對提問，他們沒有攻擊的目標，也沒有立場攻擊。提問並非批判，而是教育。「你們覺得是該讓教師參與這個過程共同解決問題，還是讓他們覺得在無法參與、權益受損的情況下力爭到底？」

沈默是最佳武器之一，請善加利用。當對方的提議太過離譜或做出不合理的攻擊時，安靜不動也許是最好的反應。

如果你提出一個誠實的問題，而對方的回答含糊其詞，你可以靜靜等待。沈默往往令人不安，尤其當自己對自己所說的話不甚有把握時。例如，當一位教師代表問：「為何老師在解雇政策中沒有發言權？」校方董事會主席可能發現自己喃喃不知所云：「解雇純屬行政事件……呃，資遣當然是牽涉到老師的利益，但老師自己並不能判斷誰優秀……呃，我的意思是……」

沈默往往形成一股僵持的氛圍，迫使對方以答覆或其他建議設法打破僵局。當你拋出問題後，暫停，讓他們懸在那裡；別忙著問其他問題或闡述你的看法，那等於幫他們解套。有時，最有效的談判，其實是靜默不語。

運用單一主題調解程序

當你盡了一切努力卻仍無法將立場之爭轉為原則性談判，也許可考慮請第三方介入。這種局面，也許可透過一對夫妻打算蓋新家的故事簡單描繪。

妻子的夢中之屋是一棟兩層洋房，有著煙囪與凸窗。丈夫則想要現代牧場風格的平房，有書房與寬敞的倉庫。討論過程中，兩人向彼此提出一堆問題：「你對起居室的想法是什麼？」「你真打算堅持照你的意思進行嗎？」回答這些問題之後，兩個獨立計畫更加堅定。兩夫妻各自找了建築師畫藍圖、規劃細節，對原本的念頭都益發牢不可破。當老婆要求給點彈性，老公就以同意將倉庫長度縮小三十公分回應。為了呼應老公的讓步，老婆同意放棄後陽臺，聲稱那樣一個後陽臺是自己一直以來的夢想，儘管那個陽臺根本從沒出現在她的設計圖裡。兩人都說自己的想法好，對方的則百般不是。吵鬧下來，傷了感情，溝通也變得困難，誰都不願再退讓，因為那只會換得對方得寸進尺。

這是很典型的立場之爭。當你們自己無法將局面轉為就問題本質尋求出路的談判，或許第三方可以。比起當事人，調解人比較能把人跟問題分開，將討論導向利益及選項；他通常能提出某些中立基礎來解決歧異。調解人也能區隔發想與決定階段，減少中間所需的決定次數，幫雙方看清某一項決定所意味的影響。有一種處理方法就專為協助第三方完成這些任務而設計，叫**單一主題調解程序**。

這個新家設計的談判案例中，這對夫妻找來了一位中立的建築師，將代表自己理念的最後藍圖分別向他展示。並非所有第三方都知道如何扮演好這個角色，比如某些建築師也許會要求夫妻兩人澄清立場，迫使雙方做出一堆讓步，以致兩人更難割捨自己原先的夢想。而採取單一主題調解程序的建築師則不然。他不問雙方立場，而是探詢利益。他不問太太想要多大的凸窗，而是問想要凸窗的原因：「妳希望能看到朝陽或夕陽？是為了看向屋外，還是看向屋內？」他會這樣問先生：「你為什麼想要一間倉庫？需要放哪些東西？你想在書房做什麼活動？讀書？看電視？招待朋友？使用的時間呢？白天？週末？晚上？」諸如此類。

這位建築師讓雙方明白，他並沒有要誰放棄立場；他是在設法瞭解自己有沒有辦法提出建議——這一點甚至也還屬於未知。現階段，他只是在盡力明白夫妻兩人的需求及利益。

下一步，建築師提出一張填滿雙方利益跟需求的表格（朝陽、開放式壁爐、舒適的讀書區、木工間、放剷雪車跟中型房車的車庫等等）。他輪流要求兩人給予批評及改善之道。讓步很難，批評可就容易了。

過幾天後，建築師帶著一份草圖回來。「我個人還不滿意，但繼續著手之前，我想先聽聽你們的意見，看這樣的設計有什麼問題？」先生也許會說：「什麼問題？嗯，有一點：浴室離臥房太遠。看來好像也沒太多地方擺我的書。還有，留宿的客人要睡哪兒？」妻子也同樣被要求提出意見。

過不久建築師帶第二份草圖回來，再次要求夫妻兩人予以批評。「針對臥室跟書的問題我已經做了改善，也讓工作室能充當客房，另外又擴充了收納空間。現在你們覺得怎樣？」隨著設計逐漸成形，夫妻會提出自己認為重要的部分，不再只是鑽牛角尖。一切都還在草擬階段，無關乎誰的自尊，建築師的也一樣。目標是在財力許可範圍，設計出最能同時滿足兩人的概念，還不到做決定的階段，也不必擔心必須倉促承諾。夫妻都無須拋棄各自立場，但此刻兩人肩並肩（至少看來如此），一塊兒指點逐步成形的設計圖，協助建築師擬好將呈給他們的提案。

於是，第三、第四、第五份設計圖，直到最終，當建築師覺得再無可以改善之處：「我只能做到這樣了。我已盡全力納入你們各種考量，很多部分的處理是根據標準建築工程法規與先例，以及我個人的最佳專業判斷。請你們過目。我建議你們接受這個提案。」

夫妻此刻只剩一個決定要做：好，或不。這個決定將帶來什麼結果，兩人都很清楚。其中一人可以等另一人說好時，跟著點頭。單一主題調解程序不僅化解了立場之爭，更大幅簡化了設想提案及共同決定的過程。

在其他談判中，誰能扮演這位建築師的角色？你可以邀請第三方來調解，而在談判涉及不止兩方時，理想的第三方或許是其中的某位當事人，他不在意特定內容，只在意協議趕快生效。

許多時候，也許你自己就是這個角色。舉例來說，你是一家塑膠廠的業務代表，要跟塑膠瓶製造商客戶談一筆大生意。客戶可能想要某種特殊塑料，而你代表的工廠則無意為此增加特殊機器。你的佣金取決於能否讓雙方達成協議，而非中間細節。也許你是某議員的助理，該議員急著想讓預算案通過，根本不在乎撥的是上千萬還是十一元。也許你是一位經理，正要從兩名屬下各自提出的不同方案中做出選擇；你關心的是讓這兩人都能接受你的決定，至於選用哪一個方案，對你來說則是其次。在這幾個例子中，你雖然也是關鍵當事者，但如果你能運用單一主題程序扮演調解人，對你其實最好。努力設法調解自己的糾紛。

單一主題調解程序的運用實例中最有名的，或許要屬一九七八年九月，美國在大衛營嘗試為以色列與埃及調停的這段歷史。美國分別聆聽了雙邊說詞，準備了一份不需承諾的草案，要求兩國予以批評，繼而不斷改善草案至無可再改為止。經過十三天與改寫二十三次的草案，美國建議定案。當卡特（Jimmy Carter）總統對以埃兩國做出這份提案時，雙方都接受了。採取固定形式的技巧有效控制決策頻率，減低每個決定的不確定性，避免讓任一方深陷原先堅持的立場，這種處理程序的效用相當驚人。

找調解人介入對雙邊談判的效益頗大，對於大型多邊談判而言，調解人更是不可或缺。舉例而言，一百五十個國家不可能有效討論一百五十個不同提案，也不可能要求以他國先讓步為讓步前提。將每個提案的某些元素組合起來，也很難變出什麼好答案，就像那則笑話所諷刺的：駱駝其實是一個委員會所設計出來的馬。多方人馬格外需要能簡化決策流程、又不至損害結果品質的方法。單一主題調解程序，正可以滿足這個目的。

海洋法談判真正有所突破，得歸功於新加坡資深外交官許通美（Tommy Koh）創造出的那套可謂單一主題調解程序的原型。談判眾人被分為幾個小組研究不同主題，各組指定代表負責擬定草案，尋求眾人批評，繼續修正草案。南非憲法談判也採行類似手法，最後終結了種族隔離，創造出具有包容性的多元民主社會。❹

請注意：多數時候你可以直接採用這套程序，無須先爭取全數同意。你可以直接準備一份草案然後徵詢意見。再次強調，只要展開新局，你就能夠扭轉談判情勢。即便對方不願意跟你直接對話（或者相反），也可以由第三方傳遞草案。

帶領對方投入：瓊斯房屋仲介公司與法蘭克・騰伯個案

從下列房東與房客之間的真實談判案例，你應當能領略如何應付一位無意遵循原則性談判的對手。先改變遊戲規則便可以扭轉談判局面，就是這個意思。

簡介。法蘭克・騰伯自三月起向瓊斯房屋仲介公司承租一間公寓，每個月租金一千兩百美元。七月他跟室友保羅準備遷出時，才發現這棟出租公寓有受到租金管制法的限制，月租不可超過九百三十二美元——比他一直負擔的金額少兩百六十八元。

騰伯對於自己被超收租金很感困擾，便打電話約仲介公司的瓊斯太太討論這個問題。一開始，瓊斯太太充滿敵意，拒人於千里之外。她自稱行得正站得穩，反咬騰伯不知感恩，意圖敲詐。然而經過幾回合的冗長談判，瓊斯太太不僅答應補償騰伯與他的室友，口氣也轉為和善而抱歉。

---

❹有意思的是，此例中採用單一主題調解程序協助協商進行的主持人，其實是南非的商界人才。商界向來政治傾向明顯是眾所周知的，但當事人都清楚：維護安定繁榮避免內戰才符合眾人最高福祉，而那勢必得仰賴有效程序才可能達成。

整個協商過程，騰伯都運用原則性談判手法。下面摘錄雙方溝通的片段，每段對話之前的短句，是典型原則性談判者在所有類似情況下的反應。最後會附上一段對背後原理及產生效應的分析。

◆「如果我說錯了，麻煩糾正我。」

騰伯：瓊斯太太，如果我說錯了，麻煩糾正我。我剛剛才得知，我們這棟公寓受到租金管制。人家告訴我們，法定月租上限是九百三十二美元。請問這項消息是否正確？

分析：原則性談判的核心是保持開放，容納各種客觀的事實與原則。騰伯小心地質疑這個消息的可靠性，並請瓊斯太太加以確認，以便由此建立以理性為基礎的對話。他邀瓊斯太太參與的方式，是請她肯定或更正他聽到的消息。這種手法使兩人成為搜尋真相的伙伴，而非對立挑釁。若騰伯強調自己聽說的就是事實，勢必讓瓊斯太太感覺遭到冒犯與威脅，進而產生自我防衛。如此一來她可能會加以駁斥，尤其當她認為騰伯某些觀點有問題的時候，談判的進行就很難有建設性。

萬一騰伯真的錯了，一開始就先要求更正，會讓對方比較容易接受。若一開始便義正嚴詞告訴瓊斯太太這些就是事實，後來卻證明不是，不僅有失顏面，更讓對方開始質疑自己的可信度，形成談判的障礙。

充分接納指正及說明，是原則性談判的一大支柱。唯有你先尊重對方的理念及客觀標準，對方才會願意聽你的建議。

◆「我們很感激你為我們所做的一切。」

騰伯：保羅跟我知道，你把房子租給我們是幫了我們一個大忙。妳花了那麼多時間和力氣，我們十分感激。

分析：給予對方個人的支持，是把人跟問題分開（也是把彼此關係從實質問題抽離）的重要步驟。表達對瓊斯太太的感激，騰伯等於在說：「我們與你並無個人恩怨，我們認為你是個好人。」他讓自己與瓊斯太太處於同一陣線，消弭任何讓她自尊受創的威脅。

而且，讚美與支持進一步暗示對方保持如此的美德。受到吹捧的瓊斯太太對騰伯的美言起了反應，事態發展與她切身相關，她將表現得較為配合。

◆「我們在意的是公平。」

騰伯：我們想確認自己沒有多付房租。如果能說服我們這段時間就是該付那麼多租金，我們會覺得公平，馬上就搬走。

分析：騰伯選擇基本的原則標準，強調自己的堅持就是：只接受以原則為基礎的說服。在此同時，他也讓瓊斯太太瞭解他自己歡迎任何的道理。於是瓊斯太太別無選擇，只有與騰伯說理。

騰伯並沒有以自己所有的籌碼為後盾，提出高高在上的公正標準。他不僅抱著原則性目標，也深思過應當採取的手段。他宣稱自己是想找出租金跟租期的公平關聯。只要能確定這段時間的確該付那麼多租金，他就搬走；如果是租金溢付，那只有讓他們繼續住到期滿，才叫做公平。

◆「我們希望這件事能依照中立的標準解決，而不是看誰能對誰怎麼樣。」

瓊斯太太：聽你提到公平還真是諷刺，你跟保羅明明只是要錢，還想仗著你們還沒搬走來要脅我們。這可讓我非常火大。如果照我的意思做，你們今天馬上會被趕出去。

騰伯（幾乎難以壓抑怒火）：我一定是表達得不夠清楚。我跟保羅能拿到錢的話，當然很好，而我們也大可賴到被強制驅離。但是，瓊斯太太，那不是重點。對我們來說，公平待遇比拿回一點錢重要多了。誰都不喜歡感覺受騙吧。而若我們把這問題弄成誰有勢力拒絕還走，大家就得法庭見，浪費一堆時間金錢，到頭來彼此都麻煩得不得了。誰會希望那樣呢？

瓊斯太太，我們希望這件事能依據中立標準獲得公平的解決，而不是爭執誰能對誰怎麼樣。

分析：瓊斯太太質疑騰伯所謂的原則性談判基礎，譏諷為矯情。這是意氣之爭，而她的意願就是今天馬上把騰伯跟他室友扔出去。

這差點讓騰伯控制不住火氣，連帶也可能無法控制這場談判。他很想反擊：「我倒想看你怎麼趕我們走。法庭見好了，我們會見到你的執照被吊銷。」談判即將破裂，騰伯會損失一堆時間金錢，以及心靈的平靜。不過騰伯沒有發作，他冷靜下來，把談話重點導回問題本身。這是談判柔道技巧很好的範例。承認自己可能誤導了對方，他避開了瓊斯太太的正面攻擊，試著讓她相信自己堅持原則的誠意。他並未隱瞞自己的私心與略佔上風；反之，他坦然把這些東西端上檯面，這時他便可將它們與問題本質區隔開來，不再成為干擾因素。

騰伯也藉著告訴對方，原則性談判是他的基本態度（他一直以來的堅持），來強調其重要性。他坦誠這純粹出於自利，而非源於什麼高尚的動機——後者往往啟人疑竇。

◆「信賴是另一回事。」

瓊斯太太：你不相信我嗎？在我為你們做了那麼多之後？

騰伯：瓊斯太太，我們很感謝你所做的一切。對我們而言，這件事與信賴無關，這是原則問題。我們究竟有沒有超付房租？你認為我們該考慮哪些因素來決定這個答案？

分析：瓊斯太太試圖操弄騰伯，把他逼到牆角。如果騰伯窮追猛打，就是不信賴她；如果騰伯表示相信她，就該馬上罷手。騰伯很有技巧地閃開了，再度表達對瓊斯太太的感激，並強調此事跟信賴無關。他重申感激之意，也明確表達對原則的堅持。如此一來，他避免讓這兩者成為「但是」的關係，而以「並且」取代之。有人把「但是」稱為「強力橡皮擦」，暗示兩者間只有一個為真，非此即彼，硬生生否決了前面講出來的話。「並且」則烘托出複雜的現實，承認同時間兩者都可以為真。這一來既可讓瓊斯太太感到受尊重，也讓她入騰伯於罪的計策失效。

騰伯還不止閃過信賴問題，他更積極地把討論重新導回原則上，要瓊斯太太建議可以考慮哪些因素。

騰伯堅守原則，但絲毫沒有譴責對方。他完全沒有指責瓊斯太太不夠誠實，他沒有說：「你是不是佔我們便宜？」而是比較中立地詢問：「我們是不是付了超出我們應該付的？」即便他不相信瓊斯太太，也不能和盤托出，否則瓊斯太太恐怕會惱羞成怒，回頭嚴守立場，或乾脆讓他吃閉門羹。

當對方像瓊斯太太使出信賴手段，「信賴是另一回事。」是好用的話術。

◆「可以請教你幾個問題，看看我所瞭解的是否正確嗎？」

騰伯：可以請教你幾個問題，看看我得到的資訊是否正確嗎？

這棟公寓真的有租金管制嗎？法定最高月租真的是九百三十二美元嗎？

保羅問我，我們會不會因此觸法？

當初保羅簽約時，有沒有人告知他有租金管制的情況，而法定上限比他同意支付的低兩百六十八美元？

分析：陳述事實容易讓人覺得在說教或是威脅。可能的話，盡量以問句代替。騰伯可以宣稱：「法定租金上限是九百三十二美元，你們違法，更讓我們無意間成為共犯。」瓊斯太太恐怕會馬上跳起來，斥之為居心叵測的言語攻擊。把每一道資訊化為問題，讓瓊斯太太有機會參與、聆聽這些情報並逐一評估，看是要承認或更正。騰伯講的是同樣的資訊，但語氣客氣許多。他還以不在場室友為名提出一個特別尖銳的問題，讓局面更加緩和。

從效果看，騰伯誘使瓊斯太太根據雙方同意的事實打造共同的基礎，再由此發展原則性的解決辦法。

◆「這麼做背後的原則是什麼？」

騰伯：我不清楚你為什麼收我們一千兩百美元的月租。請問收這麼多的理由何在？

分析：原則性談判者不接受也不排斥對方立場。為了讓焦點集中在問題本質，騰伯請瓊斯太太說明她的立場依據。他不問是不是有原因，他直接假設對方有充足的理由。面對他這樣充滿敬意的假設，對方即便沒答案也要設法找答案，談判便得以維持在原則基礎之上。

◆「請讓我確認我明白你的意思。」

騰伯：瓊斯太太，請讓我確認你的意思。照我聽來，你認為我們的租金合理，是因為你在上次租金管制審核後對這間公寓進行很多整修。你覺得我們只租幾個月，為此特地請租金管理處核准調高租金未免小題大作。

實際上，你是想幫保羅忙才答應租房子給他。現在你怕我們趁機跟你敲竹槓，想讓你付搬家費。我有沒有漏掉或誤會什麼？

分析：原則性談判需要良好的溝通。聽了瓊斯太太的說詞，騰伯沒立刻回應，而是懇切地重述一遍，以確定他沒誤解任何意思。

一旦瓊斯太太覺得被充分理解，她就能放鬆地認真討論問題。她將無法以騰伯不瞭解全部真相的理由來駁斥騰伯，她會比較願意傾聽與接納。經由歸納瓊斯太太的觀點，騰伯打造出合作的氛圍，讓雙方共同確保他的理解無誤。

◆「讓我稍後跟你討論。」

騰伯：既然明白了你的觀點，讓我回去跟我室友解釋一下。我可以明天什麼時候再來找你嗎？

分析：優秀的談判者很少當場做出重大決定。想當好人的心理壓力太大，一點時空距離有助把人與問題切割開來。

好的談判者，沒先準備離開談判桌的充分理由，不會上談判桌；而離開談判桌的理由，則不應跟被動或無能決定扯上關係。騰伯此時顯得沈穩自信，也安排了下次會面。他不僅態度果決，更一副談判大局盡在掌中的氣勢。

離開談判桌後，騰伯可聯絡一些消息來源，跟「老闆」保羅商討對策。他可以準備決定方案，確保沒有遺漏任何地方。

在談判桌過久會影響談判者對原則性的堅持。重新打氣再回來，騰伯將更能拿捏對人柔軟、處事卻絕不手軟之道。

◆「容我指出我不能理解你某些推論的原因。」

騰伯：容我指出我為什麼無法理解每個月多收兩百六十八美元的邏輯。你說原因之一是房屋修繕。租金管理處的檢查員說，修繕支出要三萬美元才可能讓月租調漲兩百六十八美元。請問，這間公寓的修繕花了多少錢？

我必須講，對我跟保羅來說，修繕價值實在不到三萬美元。地毯那個洞，你答應要修一直沒修，起居室那個洞也是，而馬桶也老是故障。這些只是我們碰到的冰山一角而已。

分析：原則性談判中，先談邏輯，再講提案。若把原則放在後面，那就不像是任何提案必須滿足的客觀標準，而只像是拿來支撐主觀立場的辯詞。

騰伯先說明理由，顯示他對不同意見的開放態度，以及他瞭解說服瓊斯太太的重要性。如果先講提案，瓊斯太太大概懶得去聽後來的理由，因為她的心思會飄到別處，拼命思索待會要提出什麼樣的駁斥。

騰伯也找到支持他的客觀標準。他打電話給租金管理處，探詢修繕費及兩百六十八美元超額月租之間的關連性。你在準備談判時，不妨想想有哪些標準可用、哪些人或許可以提供諮詢、該如何包裝問題以獲取最有價值的情報。

◆「一個合理的解決方案可以是……」

騰伯：根據我們討論過的所有因素，一個合理解決方案似乎是把我們超付的租金退回給我們。你認為這樣合理嗎？

分析：騰伯沒有把提案說成**自己的**，而說是值得他們共同評估的合理方案。他沒說那是唯一的合理辦法，而說是**一個**合理的解決方案。他很仔細，沒自掘墳墓讓對方提出抗議。

◆「如果我們同意……如果我們不同意……」

騰伯：如果你我現在達成協議，我和保羅會馬上搬走。如果無法達成協議，租金管理處聽證審查委員建議我們別付租金繼續住，並且／或者透過訴訟要求你們退還超收租金、負責三倍損害賠償及訴訟費用。保羅跟我一點兒也不想採取這些做法，我們相信可以跟你圓滿解決這個問題。

分析：騰伯試著讓瓊斯太太可以很容易地同意他的建議，所以他一開始便講得很清楚：要解決這個問題，只要瓊斯太太一句話。

這個部分，溝通最困難之處在：協議不成該怎麼辦。騰伯應當如何傳達這點（因為他要瓊斯太太把這考慮進去）又不破壞談判關係？他把選項建立於客觀原則上，並藉助官員（聽證審查委員）之名，讓自己跟這項建議切割開來。他也沒說一定會採取行動，只暗示說有此可能，並再三強調自己不願採取激烈手段。最終，他以深信雙方能達成皆大歡喜的共識做結論。

騰伯的最佳替代方案，可能不是繼續住下，也不是上法庭。他跟保羅已經租下另一間公寓，只盼能立刻搬走。兩人都很忙，訴訟將很傷神，而且即便勝訴恐怕也永遠拿不到錢。他的最佳替代方案恐怕就只是搬走，別再為這多付的一千三百四十美元傷腦筋。這個方案可能遠不如瓊斯太太所以為的理想，所以騰伯閉口不談。

◆「看你何時最方便，我們一定配合盡快遷出。」

瓊斯太太：你們打算什麼時候搬？

騰伯：等我們對這段期間的合理租金有共識之後，看你何時方便，我們一定盡快搬走。你希望是什麼時候？

分析：嗅到對方合作的可能性，騰伯吐露他設法滿足瓊斯太太的意願。實際上，騰伯跟瓊斯太太之間存有一項共同利益，就是他跟保羅盡快搬走。

將瓊斯太太的利益納入提案，不僅會讓她更關切結果，也為她保留了顏面。另一方面，對瓊斯太太而言，她儘管得花錢，也會覺得自己允諾一項合理提案是有意義的；再者，她可以聲稱自己提早把這兩個房客趕走了。

◆「跟你處理事情是我的榮幸。」

騰伯：瓊斯太太，保羅跟我真的非常感謝你所做的一切，我很高興我們能夠愉快合理地解決這最後一件事情。

瓊斯太太：謝謝你，騰伯先生。祝你暑期愉快。

分析：結尾時，騰伯向瓊斯太太送上最後的善意。雙方成功把彼此關係與問題分開，沒人覺得受騙而氣惱，應該也沒人想復仇或翻盤。大家都會樂意未來再合作的。

8 若對方耍手段呢？

【馴服難纏對手】

原則性談判其概念無懈可擊，但如果碰到對方蓄意欺騙或絆你一腳呢？或是正當你準備同意，他們忽然又把條件提高？

人們可能對付你的伎倆很多，我們都多少熟悉其中幾種。從謊言、精神虐待，到各式各樣的施壓手法，可能是非法或不道德的，或只是讓你很不舒服。對手企圖透過不講理的意志角力「贏得」一點實質利益，這類伎倆或可稱為詭計型議價手法。

通常人們發現對方耍手段對付自己時，大概會出現兩種反應。第一種標準反應是忍氣吞聲。撕破臉不好看，你可能願意幫對方找個理由，或自己生悶氣，發誓再也不跟這種人打交道，但眼前你只能希望一切朝最好的方向走，無意聲張什麼。多數人的反應都屬於這一類，希望自己的忍耐可以換得對方的見好就收。有時的確可以，大部分情況卻不然。一九三八年英國首相張伯倫（Neville Chamberlain）便以此方式回應希特勒的談判伎倆。當張伯倫以為自己已獲得對方承諾，希特勒卻再度提高門檻；一心盼望終結戰事的張伯倫，在慕尼黑應允了希特勒的要求。而一年後，二次世界大戰開打。

第二種常見反應是以牙還牙。對方漫天要價，你索性就地還價；對方說謊，你也胡扯；對方威嚇要脅，你也不假辭色；他們緊守原始立場文風不動，你也愈往自己原本立場靠攏。最後要不是一方讓步，要不就談判破裂——大部分走向這種結局。

這類詭計不合道理，因為不講求互惠，純粹是單方暗中使用，不想讓對方知道，或對方即便知情也無可奈何。之前我們談過，面對單方提出的實質提議，我們可深入檢視背後反應出的原則。而詭計型手法則是針對談判**過程**，亦即單方惡搞遊戲規則。對付這種手法，就把原則性談判用在談判過程上。

如何談妥遊戲規則？

意識到對方耍詭計時，可利用三個步驟與對方訂下遊戲規則協商出結果來：識破詭計、端上檯面，並質疑其合理性與必要性。

要知道因應的方法，必須先瞭解狀況。要學會辨別哪些是謊言，哪些是讓你不自在的手段，哪些是對方堅持立場之爭。僅僅識破這些詭計，便往往足以破其功。舉個例子，當你明白對方對你發動人身攻擊是想破壞你的判斷力，你大概就能從容應對。

洞悉對方伎倆後，不妨直接挑明。「老實說，喬，也許我完全想錯了，但我愈來愈覺得你跟泰德在唱雙簧扮黑白臉。假如你們倆需要多點時間先建立共識，儘管跟我說。」把對方手段明擺在檯面上，不僅削弱其效果，也使對方擔心把你惹惱。所以，直接說破可能就足以讓對方縮手。

而此舉最重要的目的，其實是跟對方把遊戲規則談清楚。這就是第三步，這部分的談判焦點在於過程，不是問題本身，但同樣為了有效和諧地達成（有關過程的）協議。也因為如此，方法其實也一樣。

把人跟問題分開。當你覺得對方耍手段時，別採取人身攻擊。他們若惱羞成怒，可能更不肯作罷，而且這情緒還會繼續發酵。你要質疑的是手段本身，別質問對手誠信。不要說：「你故意讓我坐在面對陽光的位置。」你應針對問題本身措辭：「我發現陽光照得我眼睛睜不開，讓我無法專心。除非情況改善，不然我恐怕得提前回去休息。我們是不是另外再約時間？」修正談判流程比改變對方容易多了。重點在談判，別被修理他們的衝動模糊了焦點。

焦點在於利益，而非立場。「你為何對媒體宣稱你堅守極端立場？是怕受到批評嗎？還是怕你自己改變立場？如果我們都用這個伎倆，對彼此會有好處嗎？」

為雙方利益創造解決方案。提出不同的遊戲規則。「我們都要自我約束，除非大家達成協議或是談判破裂，否則都別向媒體放話，可以嗎？」

堅持採用客觀標準。這點最要緊，就是堅守原則。「請問，讓我坐在背對出入口的矮椅子，門也不關，是有什麼用意嗎？」以互惠原則試探對方：「我猜明天輪到你坐這兒？」把手段背後的每道心機描繪成大家可以採用的「規則」。「我們是不是該每天輪流把咖啡潑到對方身上？」

最後一招，退而求你的最佳替代方案，離開談判桌。「我覺得你們並無意正面地進行談判。這是我的電話，如果是我錯了，只要你們準備好請隨時找我。否則的話，大家就法庭見吧。」如果你的立場穩固，而對方確實刻意玩弄事實或權力，但也真想達成協議，他們應該很快就會打電話請你回到談判桌。

常見詭計

詭計型手法可歸為三大類：刻意欺瞞、心理戰術與製造優勢。對各種伎倆你都要有所準備。下面列出各類型常見案例，針對每種情況，我們分別解說了運用原則性談判的竅門。

◆刻意欺瞞

最常見的卑鄙伎倆，大概就是刻意扭曲事實、權限或動機。

捏造事實。最古老的談判手法就是編造事實：「這輛車只開了八千公里，前車主是住在帕薩迪納（譯注：高級住宅區）的老太太，她開車從沒超過六十公里。」遭不實資訊誤導的後果可能非常危險。你應該如何是好？

把人跟問題切割開來。別相信任何人，除非你有十足把握。這並非把對方當成騙子，而是把信賴與談判過程分開對待。別讓他人把這樣的合理懷疑視為攻擊。任何賣家都不會因為你自稱你有多少銀行存款，就無條件把手錶或汽車交給你，他們一定會調查你的信用（「因為我們實在碰過太多無法信賴的人」）。同樣地，你也應該如此看待他人的說詞。查證動作多少會嚇阻對方的撒謊意圖，你也就比較不會上當。

模糊權限。對方可能誤導讓你以為你們一樣握有決定權，而實際上他並沒有這個權限。等他把你壓榨到一個程度，在你以為雙方終於有了明確共識時，他忽然宣稱必須回去請示上級。對方藉由這招伎倆，得以「多咬一口蘋果」。

這是對你頗為不利的狀況。當只有你有權做主時，等於就只有你能夠讓步。

別只因為對方跟你坐在談判桌，你就假設對方握有十足的決定權。保險理賠人員、律師及業務員，都很樂見你誤認雙方擁有同等的彈性；等你準備要點頭簽字，才發現對方只把這一步視為進入下個談判階段的門檻。

進行任何交涉以前，要先掌握對方有多少權力。你大可正面詢問：「請問你在這樁談判上面有多少決定權？」如果對方的答案曖昧不清，你最好找出握有真正決定權的對象談判，或是先講清楚：你這邊也保留隨時重新評估的空間。

假如他們在你以為達成協議時，忽然告知這只是繼續談判的基礎，你就跟他們提出相對原則。「好，我們就把這視為無人承諾的聯合草案。你回去請示老闆，我也想想有沒有我明天打算更動的部分。」或者你也可以這麼說：「如果明天你老闆同意這項草案，我就跟進。否則的話，雙方都有權提出任何改變。」

遏阻這招的一種手段是在談判初期就清楚聲明：「除非雙方同意了一切，否則任何議案都不具約束力。」如此一來，可破解對方想把前議當作墊腳石的詭計。他們若想重談，就必須整個重談。

靠不住的誠意。如果對方遵守約定的誠意不明，你可以在合約中放進遵守條款。

假設你在一場離婚協議談判中代表女方。你的當事人判斷就算她先生口頭答應要分擔小孩的撫養費，實際上他不會出一毛錢。如果她每個月必須因為這個問題跑法院，最後她可能只好作罷。你可以怎麼做？就把問題端上檯面，利用對方的反駁取得保證。你可以跟對方的律師說：「我的當事人擔心拿不到撫養費。我們把按月付款改為產權分她，如何？」先生的律師可能會說：「我的當事人絕對可靠。我們可以立書保證他一定會按時負擔這筆費用。」此時，你可以說：「這跟可靠與否沒關係。你確定你的當事人一定會照付嗎？」

「當然。」

「百分之百確定？」

「對，我百分之百確定。」

「那麼，你一定不會介意我們加上一個附帶條款。你的當事人同意支付孩子的撫養費，附帶但書是：萬一基於某種不可解、而你認為機率是零的原因，他錯過了兩次繳款期限，則我的當事人就能獲得產權（當然，會先扣掉你的當事人已支付款項），而你的當事人此後也可以高枕無憂。」對方律師將很難跟你說不。

沒有徹底揭露事實並不等於欺騙。刻意扭曲事實或意圖，跟沒把想法和盤托出兩者截然不同。誠信協商，並沒有要求全面揭露。「你最高願意出多少？」針對這類問題，也許最好的答覆是：「我們別把彼此擺在這麼想要誤導對方的情境。如果你認為這樁協議有希望，而我們卻不斷在浪費時間，那或許我們可以把各自的想法告訴值得信賴的第三方，再由那人分別讓我們知道達成協議的機會有多少。」如此一來，儘管各自握有的訊息不全，雙方也不至於進退失據。

◆心理戰術

這類伎倆旨在讓你渾身不自在，恨不得能盡快結束談判。

壓力情境。描述談判現場的書籍很多，你應該對一些基本問題很敏感，像是應該選在哪裡舉行，在你們這邊或他們那邊，還是找個中立區域？大家都認為在自己這邊會比較有利，但有時，接受對方在他們那邊舉行的主張反而比較好。他們會比較放鬆，進而比較能採納你的提議；必要時，你也有機會可以起身走人。話說回來，如果你交由對方安排地點，要留意他們的選擇與可能的影響。

自問是否會感覺有壓力，如果有，設法找出原因。如果會議室太吵、太熱或太冷、沒有讓你跟同伴私下討論的空間，你就要提防對方是否故意如此，以迫使你想要盡快結束，關鍵時倉促答應了他們的條件。

當你察覺環境不利於你，應該馬上提出。你可以建議更換椅子、休息一下、改到其他場地，或另約時間。面對任何情況，你的責任是保持客觀與原則，找出這類可疑之處，誠心地與對方討論，協調出比較理想的場所。

人身攻擊。除了在場地安排上動手腳，對方也可能採用言詞或非言詞溝通讓你不舒服。也許他們會從你的衣著外表挑毛病；「你看來好像整晚都沒睡啊。是公司業務不順利嗎？」也許他們會攻擊你的層級、故意讓你久候，或是在談判中間跑去招呼別人。也許他們暗示你搞不清楚狀況。也許他們故意不聽，卻一再要求你重複。也許他們故意不看你（一項對學生進行的簡單實驗證實，這種手法的確會讓人相當難受，他們卻搞不清楚原因）。無論身處哪一種狀況，只要你能識破對方心機，就可以破壞其目的。把問題端上檯面直接要求討論，也許會讓對方開始自我約束。

黑白臉的一搭一唱。有一種心理壓力也跟欺騙有關，就是黑臉／白臉伎倆。這在老式警探片發揮得最為淋漓盡致：第一名警察對嫌犯百般要脅，說要以多項罪名起訴他、以強光直射眼睛，百般折磨之後終於放他一馬悻然離去。接著扮白臉的警察會過來把大燈熄了，遞根菸給嫌犯，為之前那位同伴的粗魯道歉，說他很想控制伙伴的脾氣但實在很困難，除非嫌犯自己合作等等。結果就是嫌犯即刻招出他所知道的一切。

這在談判中也常可見到：同一邊的兩人上演一齣爭執戲。一人堅持不退，大嚷：「這公司值八萬美元，少一毛都不行。」他的同伴滿臉難受，夾雜著一絲尷尬，末了終於插嘴道：「法蘭克，你這樣很不講理。說到底，我們現金流量不足，空有一堆應收款也幫不上忙啊。」回過頭來，他很講理地跟對方商量：「你願意出七萬六千美元嗎？」不是很大的讓步，聽來卻像是莫大的恩惠。

黑白臉唱雙簧，乃是一種心理操縱。看穿了它，你就不會上當。當白臉拋出提議時，你大可重複你之前詢問黑臉的那個問題：「謝謝你試著講理，但我還是想弄清楚你們何以認為這個數字合理。你們是根據什麼標準？只要你們能說服我，我是願意出八萬塊的。」

要脅。要脅是談判中最被濫用的一種手法。那似乎很容易——比提出條件容易太多了。只需說幾個字，目的一旦達成，也根本無須動手讓它化為事實。但要脅會導致對方反要脅，致使情勢升高，談判恐怕癱瘓，關係恐怕決裂。

要脅是一種壓力，而壓力往往引發反效果。它沒讓對方感到下決定的輕鬆，反而備感困難。面對外來壓力時，一個工會、委員會、公司或政府，都可能自動化解內部歧見，中庸派與鷹派會聯手對抗強加在他們身上的不法企圖。對他們而言，眼前的難題從「我們該做出這個決定嗎？」變成「我們要屈服於外來的壓力嗎？」

優秀談判者絕少採取要脅手段，因為沒有必要，還有很多其他的溝通方式可以用來表達同樣的意思。當你想提醒對方他們的行動可能產生哪些副作用時，別提你個人打算採取的回應。與要脅相比，採用**警語**的合理性高得多，你也無須擔憂受到反要脅；例如：「如果我們沒能達成協議，恐怕媒體會堅持把整個不堪內幕公諸於世。在這麼攸關大眾權益的事情上，我不認為封鎖消息是可能或實際的。你認為那可能嗎？」

你也可以向對方提出預警，如：談判不成的話，你可能會採取什麼措施。前提是，那些措施目的在保護你的利益，而非為了強迫或懲罰對方。「我們希望你有心理準備，這是一份我們打算在無法續約的情況下提出的新聞稿。」如果對方因此感到不悅，可能會回應你說：「你這是在威脅我嗎？」而如果你只是單純地提出預警，儘管信心十足地告訴對方：「絕對不是。如果易地而處，你有更好的建議以保障我們的權益嗎？」

沒有明確溝通，要脅無法生效，所以你有時可以干擾對方的溝通過程。你可以忽視對方的要脅，可視之為欠缺授權、不經大腦，或純粹與主題無關。你也可以讓對方感覺到，這樣的溝通暗藏風險。本書作者之一不久前負責調停一處煤礦場，煤礦公司為許多假炸彈威脅疲於奔命，卻又不敢漠視，否則代價太高。而當這家公司的總機接起電話時間先說明：「這段語音已被錄音。請問您要找哪位？」這類恐嚇電話頓時銳減。

有些時候，要脅可成為政治助力。工會可以對媒體放話：「管理階層的立場如此薄弱，以致他們提出這樣的要脅。」但最好的回應方式，仍非原則莫屬：「針對管理階層所發出的每一項要脅，我們已有因應之道。但我們願意冷靜觀望，看對方最終是否也會同意這點：威脅並非對雙方最有利的手段。」或「我只就問題的本質進行談判。絕不屈服於要脅，是我的本錢。」

◆製造優勢

這類伎倆旨在塑造情勢，迫使唯一握有退讓空間的一方做出決定。

拒絕談判。一九七九年十一月，在德黑蘭的美國外交官及使館人員被押作人質，伊朗政府向美方提出要求並拒絕談判。律師往往也好出此招，向對方拋下一句：「我們法庭見。」面對對方完全拒絕談判，你應該怎麼辦？

首先，你要把這套伎倆當作潛在的談判手段：他們想把自己上談判桌這個舉動，化為要求對方實質讓步的籌碼，或者為談判設置前提。

第二，就對方的拒絕談判，進行討論。若無法直接對談，可以請第三方出面。別攻擊他們的拒絕談判，盡量努力瞭解他們這行動背後的潛在利益。他們擔心跟你對談會抬高你的身價嗎？你的談判對象怕會被貼上「軟弱」的標籤嗎？他們以為談判會破壞其脆弱的內部團結嗎？還是他們根本不認為有可能達成任何共識？

你可以提出一些選項，例如透過第三方協商、遞送書信，或鼓勵記者等以私人身分進行討論（如同伊朗案例）。

最終，還是要堅持原則。這也是他們希望你遵守的嗎？對方也希望你預設條件嗎？他們會希望別人也拒絕談判嗎？他們覺得此例該運用其他哪些原則？

離譜要求。談判者常會亂開價，明明你的房子值三十萬美元，他卻只出十七萬五千，目標就是要你降低期望值。他們還以為這樣會帶來比較理想的結果，因為雙方終將會在彼此的立場之間取得妥協。但這種做法，即便對擅走偏門的議價者來說，仍存有明顯的缺陷。當他們提出一個明知不可行的離譜要求，便降低了自己的可信度，這也可能徹底把交易毀了；當他們出價太低，可能會讓你認為根本不值得浪費時間。

讓對方意識到自身舉動的意涵，也是有用的。請他們依據原則，解釋自己的立場，直到他們自己看出其中的荒謬性。

提高條件。談判者可能每做出一個讓步，就想要調高至少一項條件。他也可能把你以為已經談妥的事項重新端上桌。這個伎倆是想降低自己的整體成本，也希冀在心理上迫使你盡快做成決議。

一九七一年，馬爾他總理便運用此伎倆，與英國談判海軍及空軍基地權的價格。每當英國以為協議已成，這位總理便說：「是的，我方同意，但還有一個小問題。」而那個小問題會變成一千萬英鎊的預支現金，或是船廠及基地工人於合約期間的工作保障權。

當你意識到這一點時，提醒對方注意，或者要求休息一下，思考談判是否應該繼續，若繼續又該依據何種基礎。這樣，你在點出對方舉止的嚴重性時，便不致太過衝動。再次提醒你，要堅守原則。等你回到談判桌，有心協議的人都會更加認真。

鎖死（lock-in）伎倆。諾貝爾經濟學獎得主謝林（Thomas Schelling）那則有名的故事正說明了這種手段，故事是：兩輛裝滿炸藥的卡車在一條單線道路朝彼此開去，此時就看誰先主動閃出路面，以免除一場車禍。隨著彼此逼近，其中一名駕駛拔掉方向盤扔出窗外。另一名駕駛眼見這個狀況，只剩兩種選擇：撞上去來個滿天煙硝，或是把車子扭到路旁的溝渠。這是一項極端的宣誓戰術，讓自己毫無退路，弔詭地藉由削弱自己的掌控能力強化了談判優勢。

這類手法常可見於勞資雙方與國際談判。某工會主席向員工發表煽情演說，信誓旦旦地聲稱她絕不會接受低於15％的加薪幅度。以自己的信譽做賭注，她會更有影響力地要求管理階層接受15%。

但鎖死策略是一種賭博。你若揭穿對方虛張聲勢的底，對方只能讓步，之後還得設法跟老闆或選民解釋。

鎖死伎倆能否生效，也跟要脅一樣，溝通佔有重要角色。萬一第二輛卡車的司機沒看到第一輛司機丟出來的方向盤，或他判斷第一輛卡車裝有某種緊急轉向系統，那麼，第一名司機扔方向盤的動作就達不到預期效果。這時，如何躲開互撞的壓力，仍將平均落在兩方的身上。

因此，當對方使出宣誓伎倆，也許你可以嘗試打斷他的溝通。你可以用自己的詮釋來鈍化對方祭出的某項承諾：「喔，我知道了，你跟媒體說你的目標是四十萬美元。我說呢，人各有志，你要不要知道我的目標價是多少？」不必太嚴肅看待這樣的通牒，你可以打個哈哈側身閃開。

你也可以用原則對抗鎖死伎倆。「好，巴伯，我明白你已經做了公開聲明，但我的原則是：只講道理，從不向壓力低頭。現在我們來討論問題的癥結吧。」你怎麼做都可以，就是別讓對方把他的宣誓變成核心議題。一方面淡化那項宣誓的重要性，一方面讓對方也有臺階可下。

頑固的伙伴。對方要合理化他無法讓步最常見的手段，大概就是跟你說他個人並不反對，但他那位鐵石心腸的伙伴不肯答應。「我真的也認為你的要求很合理，但我老闆就是不肯聽。」

識破這一套伎倆。你可以先讓對方同意你的原則（寫成書面最好），可能的話再直接跟那位「鐵石心腸的伙伴」對談。

精心拖延。談判一方常刻意把決定拖到他們認為最有利的那一刻。代表勞工的談判者往往想拖到罷工開始的前幾個鐘頭，好利用最後期限的心理壓力迫使管理者屈就。很遺憾，通常他們都計算失誤以致錯失時機；一旦罷工開始，輪到管理層想多等一下，例如等到工會的罷工資金用罄。等待最佳時機，是高風險的玩法。

除了把這招說破並公開討論，不妨也考慮為對方製造一個稍縱即逝的機會。假設你代表某公司與另一家公司談合併，你也同時去找第三家研究彼此合併的可能性。根據客觀狀況擬定一些最後期限，如納稅截止日、理事會年會會期、合約到期日、立法院會期結束等。

「不要就拉倒」。強硬地只提供一個選擇，這種做法本身沒什麼錯，實際上，這是大多數美國企業做生意的方式。你進超市看見一罐豆子標價一．五美元，你應該不會想把超市經理找來談判。然而，做生意可以這樣，談判卻不行，因為那不是互動的決策。經過冗長的談判後，如果你打算這樣結論：「不要就拉倒」，那本身也沒什麼問題，只是你可能要說得比較委婉一點。

面對這招，除了端上檯面好好討論，你也可以先不予理會：就當沒聽見，繼續講你的，或是改變題目，也許再端出其他方案。如果你把它端上檯面，你要讓對方明白：談判沒結果，他們將蒙受何種損失，並找個理由讓他們有臺階可下，例如情況有變。當管理階層拋出了最後提案，工會可以如此答覆：「好，時薪提高三・六九美元，這是我們雙方在討論如何增加工廠生產力之前，你們給出的最後提議。」

別當受害者

「誠信」談判究竟是什麼意思，一言難盡。每個人的尺度都不一樣。或許你可以自問：我會這樣對待親人好友嗎？如果我的全部言行將登上媒體，我自己會覺得難堪嗎？如果在小說中，這種舉止會比較像是英雄還是壞蛋？提出這些問題，不是在乎種種外在眼光，而是要你瞭解自己的內在價值。如果你覺得對手一些伎倆很卑鄙，你會不會拿來對付別人？你得自己回答這個問題。

也許你可以在談判開始先攤開來講：「嘿，我知道這可能不尋常，但我想先把遊戲規則搞清楚。我們是希望以最短的時間、最少的力氣達成明智的協議，還是要玩『激烈談判』，看誰比較固執？」怎麼都可以，就是要準備好對抗各種談判詭計。你可以跟對方一樣堅定，甚至更加堅定，捍衛原則，絕對比捍衛卑鄙手段容易。別當受害者。

第四篇 結論

9. 三點結論

這些你都知道／邊做邊學／「獲勝」

9 三點結論

這些你都知道

這書裡恐怕沒什麼是你沒聽說過的。我們的目的，是希望將這些常識經驗整理成一套有效的思考行動架構。這些概念愈接近你的認知與本能，效果愈好。傳授這套方法時，我們常碰到火候高深的律師、企業人士告訴我們：「現在我終於明白自己一直在做些什麼，也終於理解為什麼有時那會行得通。」以及「你們講的一點兒也沒錯，我自己驗證過了。」

邊做邊學

書可以指出正確方向，讓你汲取觀念，觀照自己言行，幫助學習。

但，能讓你功夫變好的，只有靠你自己。僅憑著熟讀皇家加拿大空軍健身教材，不能讓你體格變得健美；埋首網球、游泳、自行車、騎馬等相關書籍，也無法讓你成為其中翹楚。談判亦然。

「**獲勝**」

一九六四年一個美麗的週六，一位美國父親跟他十二歲的兒子在倫敦市的海德公園玩飛盤。當時的英國，還沒多少人曾見過飛盤這種玩意兒，於是一小撮人漸漸聚攏圍觀這稀奇的運動。終於，有一名頭戴小禮帽的英國人走向那位父親：「抱歉打擾一下。看你們這樣玩了一個小時，究竟是誰**獲勝**呢？」

大多時候，問談判者「誰贏了？」就像問一對夫妻誰在婚姻中獲勝一樣不妥。如果你對自己的婚姻提出這個問題，你其實已輸了更重要的談判——那是關於遊戲規則，關於彼此如何相處，關於兩人共享或不同利益的談判。

此書是關於如何「贏得」更重要的那場賽事——找到更好的處理過程，化解彼此之間的歧異。想更上一層樓，這過程當然要能產生理想的實質結果；也許這不是唯一的目標，但輸掉這點，卻也絕對不是我們所要的。理論及事實再三證明：就實質成效來看，原則性談判法優於其他任何談判策略；從人際關係的角度看來，它的效果高而代價低。我們覺得這種方法非常合用，希望你也有此心得。

而那並不意謂改變習慣很容易。把情緒由問題的本質抽離，邀請對方一起設想更好的解決辦法，也都絕不簡單。你可能要隨時提醒自己，你想贏得的第一件事，是找到更棒的談判方式——透過這方式，你可以不必為了贏得目的而失掉人格。魚與熊掌，你確實可以兼得。

第五篇 常見問題

10. 常見的十個問題

關於公平及「原則性」談判

問題 1 ：「立場之爭沒有站得住腳的時候嗎？」

問題 2 ：「若對方認定的公平標準不同怎麼辦？」

問題 3 ：「如果沒有必要，我仍須保持公平合理嗎？」

關於人的處理

問題 4 ：「當問題出在人，我該怎麼辦？」

問題 5 ：「如果對方是恐怖分子或跟希特勒差不多，
還要談判嗎？什麼樣的情況下，不談判最好？」

問題 6 ：「面對個性、性別、文化等差異，
要如何調整自己的談判風格？」

關於戰術

問題 7 ：「碰到『該在哪裡談？』『該如何溝通？』
『誰該先攤牌？』『我該先喊多高？』
這類問題要怎麼決定？」

問題 8 ：「如何能明確地從提出方案過渡到承諾階段？」

問題 9 ：「如何不冒太大風險地試驗這些概念？」

關於優勢

問題 10：「若情勢有利對方，靠談判方式真的有用嗎？」
以及「要如何加強我的談判優勢？」

10 常見的十個問題

關於公平及「原則性」談判

◆問題1：「立場之爭沒有站得住腳的時候嗎？」

立場之爭做來容易，無怪乎眾人都這麼做。立場之爭不需要刻意準備，世界各地通用（語言不通時，甚至用手勢也可以進行），大家經常都有心理準備。相反地，要看穿立場背後的利益不容易，為謀求彼此利益想辦法不容易，尋找跟採用客觀標準也不容易。尤其，當對方顯得難纏時，你還必須有足夠的自制與成熟。

基本上，原則性談判可以讓雙方都得到比較理想的結果，問題是：值不值得多花這些力氣。你可以評估一些問題：

避免武斷結果的重要性如何？如同第5章蓋房子的例子，當談判涉及地基多深才安全時

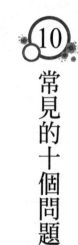

，無論對方如何威脅利誘，你也不會屈從立場。即便一個獨一無二的古董鍋很難找到客觀評估標準，還是值得你設法瞭解賣家的利益，創造一些不同的辦法。應該採取何種談判手法，還是要看你多想要找出合理的解決之道。談到地基深度，對辦公大樓就比工具間重要得多。另一方面，若眼前交易將成為後續交易的門檻時，重要性也相對提高。

問題有多複雜？問題愈複雜，愈應避免陷於立場之爭。要處理複雜情況，需要先審慎分析：彼此有哪些利益可以共享或能夠完美互補，再來進行腦力激盪。當雙方視彼此為共同解決問題的伙伴時，做這兩件事就都容易多了。

維持和諧關係有多重要？若對方是大客戶，維持良好的關係，大概還比協商結果來得重要。這不是說你就無須那麼在意自己的利益，而是提醒你：別用要脅威嚇等手段，因為那極可能會破壞感情。將焦點擺在問題本質的談判法，就頗能避免在退讓或惹惱對方之間傷腦筋的窘況。

如果理解對方利益的成本很高，彼此又各有其他機會，雙邊就立場較勁倒也無妨。而若陷入僵局，就應改弦易轍，開始澄清對方背後的利益所在。

你也必須考慮，這項談判會對你與他人的關係產生何種影響。那是否將影響你的談判聲譽，以至改變他人日後與你談判的方式？如果會，你可得想清楚：你希望那種影響是什麼。

對方期望為何？要他們改變有多難？在許多勞資對話及其他的情境中，各方人馬身經百戰，幾乎都已是立場之爭的聖戰士。雙方都把對方視為「敵人」，認定眼前就是一場零和遊戲，而無視罷工、停工、對立為彼此同時帶來的成本。在這些情況下，想要共同解決問題很難，相對地卻也格外重要。但即便有心，恐怕你還是會發現舊習難改：想要以聆聽取代攻擊、以腦力激盪取代爭執、探索更多利益而不急著做出承諾，每一項都知易行難。有些人長期處於敵對狀態，似乎非得走到毀滅邊緣才可能考慮其他出路。這時，你得為改變擬出可行的時間表，也許必須經過幾次全套談判。通用汽車（General Motors）與美國汽車工會（United Auto Workers）一共簽了四次合約，才終於改變談判基本架構，而雙方仍有成員對新政策深感不滿。

你在談判中的處境？窮爭立場容易遮蔽我們尋求共利的視野。許多談判到最後，只見雙方「把大量的黃金留在談判桌上」。若你們能先釐清彼此的利益，為雙贏設想各種辦法，也討論了可用的公平標準，**之後**再進行立場之爭，其破壞性將減到最低。

◆問題2：「若對方認定的公平標準不同怎麼辦？」

在大多數談判中，並無所謂「正確」或「最公平合理」的答案，大家各有不同的評判標準。而採用外在準則，確實能從三方面獲得改善：首先，即便過程中採用的標準或慣例有所衝突，結果仍將優於專制裁定；其次，可降低「退出」的風險——眾人會比較情願遵守有原則的獨立標準，相反地，硬要屈從就比較困難；第三，某些標準本身就是比較具有說服力，不像專制立場那麼令人排斥。

舉個例子，一名年輕律師跟華爾街一家法律事務所談薪水。若打算雇用他的合夥人這樣措辭，就很不妥了：「我想，你不會自以為比我聰明吧，所以我給你的起薪跟四十年前我的起薪一樣——兩萬四千美元。」年輕律師會指出，這麼多年來的通膨影響之下，應該採取目前市場薪資水準才合理。若合夥人說，那就來參考達頓市（Dayton，俄亥俄州）或得梅因市（Des Moines，愛荷華州）同行新人的目前薪資，這位年輕律師將會反駁說：應當以曼哈頓區同等級事務所作為比較基準才是。

探討不同的標準是如何產生的。一般來說，某一項標準特別具說服力，可能是因為它比較切中議題、比較廣受認同，或在時空環境等考量下有比較直接的參考價值。若沒有那麼顯著的標準，你最好要研究彼此標準不一致的原因。例如：是因為市場架構正在轉型，所以產生新的期望值嗎？是因為兩種傳統交錯之故嗎？先瞭解各項標準的來由跟邏輯，你就更容易論述哪種會比較適合你們的狀況。比方說，網路興起已造成各地零售業在許多產業中的角色式微，因為買家改在網路商城或向製造商直接購買。以往合理的零售商利潤空間跟市場激烈的競爭價格發生嚴重衝突，導致廠商與零售商就服務價值進行嶄新對話。隨著時間過去，零售商勢必得更新商業模式，否則將遭到無情淘汰。

沒有必要一致同意「最佳」標準。不同的價值觀、文化、期待、認知，都會讓各方對不同的標準產生不同的批判。若一定要等到所有人都同意「最佳」標準，談和之日恐怕將遙遙無期。其實，一致同意採用何種標準並非必要。標準只是幫大家獲得協議的工具。採用外在準則，往往有助縮小歧異，擴大談和可能。若彼此實在無法同意究竟該採取哪一種標準時，雙方大可藉由公平程序如丟銅板、找調停人解決剩下歧異，或是各退一步。

◆問題3：「如果沒有必要，我仍須保持公平合理嗎？」

這本書不是談論是非對錯的道德講壇，而是教你如何做好談判。我們不建議你為了當好人而做好事（我們也並不反對）❺。若對方拋出的第一個提案頗不合理，我們不建議你委曲求全，我們也不建議你絕對別要求高於法官或陪審團的可能裁定。我們只是相信：用中立標準來檢視提案的合理性，是確保你能得到應得的，又不致被佔便宜的一種概念。

如果你想得到比自己認為合理的還多，且知道自己總有辦法說服對方讓步，那麼你大概不覺得這本書的某些建議有太大用處。而通常我們碰見的談判者，是擔心自己拿到的比應該得到的**少**，或是顧忌堅持自己應得的卻傷害了彼此關係。原則性談判法的概念，即在讓你瞭解如何獲得應得的，並仍與對方維持友好。

話說回來，有時你有機會拿到比應得的還要多。這時，你該拿嗎？就我們來看，你務必思考清楚，這不僅是只道德上的自我定義問題（那恐怕也頗值得深思，但不屬於此處的探討範疇）。面臨獲得超乎期待的機會，你需要評估可能的好處及潛在的代價：

這差異對你而言有多大價值？你自己可接受的最高合理界線在哪裡？超出那條界線，對你有多重要？拿來跟下面列出的風險相比，再想想有沒有更好的方案。（比方說，是否能把合約寫得讓對方感覺是幫你一個忙，而非他自己吃了大虧？）

---

❺我們深信，原則性談判除了是幫你在談判中達成目的的全方位手法，它也能讓這世界變得更好，增進人們之間的彼此瞭解，不管是父母和小孩，老闆與員工，或阿拉伯跟以色列。專注於利益與創新方案，有助提升滿足，避免空耗。仰賴合理標準，謀求滿足彼此利益，有助達成能有效維持的協議，立下良好的典範，打造長久的和諧關係。無論人際或國際間，若這種解決歧異的談判手法愈能成為準則，衝突的代價就愈低。而在這些社會福祉之外，你或許也會感覺：這套方法顧及關懷與正義的價值，能符合個人的行為信念。

也別忘了考慮你有多大把握能拿到這些額外的好處。有沒有可能是忽略了什麼？對方真的那麼盲目嗎？很多談判者在評估自己相對於對方的聰明才智時，往往過於樂觀。

不公平的結果有辦法維持嗎？當對方稍後明白協議的結果有欠公平時，恐怕會拒絕付諸實施。若必須強迫協議生效或另外取代，代價是什麼？一般而言，法庭對其認定「不公正」的協議，會拒絕迫使生效。

你也得評估自己在這場談判中的位置。要是對方猛然清醒而拒絕簽約，再如何有利的條件，都將成為一場空。而若這次經驗讓對方認定你是個有心佔他們便宜的傢伙，代價將恐怕不止是這份合約而已了。

不公平的結果會對這段關係與其他關係造成什麼傷害？未來你跟對方再度交手的機會多大？萬一對方「矢志扳回一城」，你要面臨何種風險？別人將如何看你，尤其在公平交易這個層面？這些代價，會不會高於眼前的小利？

公平交易的可靠信譽是很難得的資產，它開啟一個廣闊的殿堂，讓你能達成無數創新協議，而這是缺乏對方信任就無法到達的境界。這般名聲建立不易，卻可輕易毀於一旦。

你會受到良心譴責嗎？你有可能感到後悔，自承是佔了對方的便宜嗎？試想一名旅客買了一條一家人花一整年手工辛苦織成的精美喀什米爾地毯。這名旅客機巧地說服對方接受他以德國貨幣付款，然後掏出二次大戰前，威瑪（Weimar）政局高通膨時期所流通、如今根本分文不值的鈔票。等他回國沾沾自喜地分享這段故事，看見親友難以置信的表情，他才驚覺自己對那家人做了什麼樣的事情。此後，那條美麗的地毯一再讓他良心受到鞭笞。如同這名旅客，很多人瞭解到：自己其實更在乎生命中其他的許多東西。

關於人的處理

◆問題4：「當問題出在人，我該怎麼辦？」

說到「把人跟問題分開」，有些人的解釋是：把人的問題掃到毯子底下去。這完全**不是**我們的意思。人的問題，往往比實質問題需要更多關注。明明協議可期，卻有那麼多談判走向破裂，原因之一就是人性的自衛傾向及反應本能。談判時，你若忽視人的議題（如何對待另一方），就得自行收拾後果。無論人的問題屬於考慮層面之一還是主要焦點，我們的基本建議都是一樣的：

建立能超脫同意與否的合作關係。愈是不同意某人，你愈需要善加處理你的不同意。良好的合作關係是可以處理歧異的，但良好關係並不能仰賴實質面的讓步而建立，或是假裝沒有不同意這回事。經驗告訴我們，委曲求全通常沒什麼效果。今天你無條件退讓，不能使明天的歧異更容易解決。也許你以為下次該輪到對方讓步，但他們可能相信，只要頑固到底，你會照樣退讓。（張伯倫先是同意德軍佔領蘇台德地區，又眼睜睜看著希特勒佔領整個捷克而沒有採取軍事行動，恐怕都再三鞏固了納粹認為進攻波蘭也不會引發戰爭的信念。）

你也不應藉著要脅彼此關係，硬要對方做實質讓步。（「如果你真的在乎我，你就會讓步。」「你今天不答應的話，我們就完了。」）不管此刻這類伎倆是否生效，彼此的關係都會受到折損，日後雙方處理其他歧異時，困難度勢必升高。

相對地，實質問題應該從關係與過程的議題中**抽離**出來。一個可能的協議內容，跟如何展開討論及如何應付對方，必須視為兩件獨立的事情，各邊議題須就本身好壞進行談判。兩者區別如下：

實質議題：

- 條款
- 條件
- 價格
- 日期
- 數字
- 債務

關係議題：

- 情緒與理性的平衡
- 溝通的容易度
- 信賴可靠程度
- 接受（或排斥）的態度
- 側重說服（或強迫）的程度
- 相互理解的程度

人們常以為，良好的實質成果跟良好的關係無法得兼。實際上，良好的合作關係比較容易獲得良好的實質結果（且對雙方皆是如此），而良好的實質結果又更增強了彼此關係。

有些情況下，你願意撇開公平合理去附和對方。例如在彼此已有深厚的合作關係時，也許你決定在某件事上讓步，深信下回對方會記得他「欠你一次」而禮尚往來。（但你要確定你的讓步對方確實有看在眼裡。）或者是，綜觀全局後，你理性地判斷某些議題不值得浪費時間。我們想說的是：別只為了改善關係而退讓。

協商彼此的關係。如果不管你怎麼努力打造合作關係、試著專注於問題的實質差異，偏偏人的問題就是梗在中間，那就把它端上檯面，以**對方**利益的角度討論其影響層面。就像討論實質面的差異問題，把你注意到對方舉止的疑問提出來商量。不要批判，也不要質疑其動機，純粹說明你的看法感受，請對方也相對分享。建議大家根據某些客觀標準或合理原則來相處，拒絕施壓佔便宜的手段。把這樣的討論定位在往前看而非倒退走，假設前提是：相信對方並沒有故意造成你的不舒服。如果他們認同你的需求，自然會調整模式。

如同談判的基本原則，你務必先想清楚自己的最佳替代方案。有時只有當對方明白：一旦你轉身走人，你要採取的最佳方案其實不利他們，他們才會開始認真看待你在乎的問題。

別因為對方態度影響你對待他們的方式。真的沒必要去擴大毫無建設性的行為。或許那可以「給對方一點教訓」，但那個教訓對我們卻沒有什麼好處。大多時候，以牙還牙只能強化我們所不樂見的行徑，讓對方更堅信他們唯有如此才能夠自保。我們要以身作則，率先表現出自己希望看到的舉止，避免做出不良行為示範，而前提都是不犧牲自己的實質利益。

理性回應無理取鬧。世上很多（或許是絕大多數）行為都不甚理性。如第2章所言，談判者把人放在第一。我們常衝動行事或反應不經大腦，尤其在生氣、害怕、沮喪的時候。我們也都知道一些隨時隨地蠻橫到底的人。你要如何應付這種行徑？

首先，你要體認一點：儘管理性的談判很難做到，卻絕對值得努力達成。在精神病院，我們可不希望碰見精神有問題的醫生。同樣道理，當談判對手不講理時，你要努力守住自己的目的與決心。

第二，質疑自己：那種認為對方不講理的假設是否正確。或許他們只是看問題的角度不同。在多數衝突中，各方都堅信自己之所以會說「不」，是因為聽到對方不合理要求下的反應。也許你鋪陳周延的立場，在他們聽來卻有所偏頗；也許他們的價值觀與你不同；也許彼此之間存有溝通障礙。

有時某些人確實抱著一般人眼中「非理性」的看法，像是恐懼飛行。然而，從這些人的內在情緒來看，他們是對**他們眼中的世界**做出合理的反應；如果我們認同那樣的世界，大概也同樣會拒絕飛行。扭曲的不是反應，而是觀點。告訴這些人說他們錯了（不管你提出再多的科學佐證）或因這番信念對他們施以處罰，都無法讓他們改變他們的感受。相對地，如果你能以同理心認真看待他們的感覺，跟他們一起探索源頭，有時確實可能改變。在這樣的過程中，你可能發現了某個邏輯上的漏洞、事實面的錯誤認知，或與過往創傷的連結。根源一旦出土，這些人就得以自行檢視，進而調整。以本質來說，你在理解他們立場背後的心理利益，協助他們找到能夠有效滿足自我更多利益的管道。

◆問題5：「如果對方是恐怖分子或跟希特勒差不多，還要談判嗎？什麼樣的情況下，不談判最好？」

無論對方如何可惡，除非你有更好的最佳替代方案，否則，問題不在談或不談，而是**怎**

麼談。

跟恐怖分子談判？沒錯。實際上，只要你有心影響對方的決定（對方也試圖影響你的），你其實已經跟對方展開談判。有沒有實際對話在其次，重點是：你要跟對方保持距離，透過行動與文字談（例如「我們永不與恐怖分子談判！」），還是直截了當地談。一般說來，溝通情況愈好，影響力愈大。不管這恐怖分子是綁架了人質還是威脅要祭出某種暴力行動，假如人身安全不成問題，最好能與對方展開對話。如果立場穩健，你影響他們的機率要比被他們影響來得大。（同理可用於談判上的「恐怖分子」——企圖採取卑劣的手段的人。）

談判不表示退讓。支付贖金或黑函的代價極高，給恐怖分子綁架酬金將鼓勵更多綁架，溝通則可能說服他們（及潛在的恐怖分子）：想拿到贖金是不可能的。或者，透過溝通，理解對方某些合理的利益，進而合力找出讓彼此都無須退讓的妥善安排。

經由阿爾及利亞調停人的協助，美伊終能協商德黑蘭美國大使館的人質議題，而於一九八一年一月讓遭挾持一年的人質獲得釋放。這項協調基礎是**雙方皆不能得到超出其所應得**：人質將獲得釋放；伊朗將支付其債務，數目談妥後，美方凍結之餘額將歸還伊朗；美國將承認伊朗政府，不得干涉其內政……等等。沒有談判，要達成協議幾乎不可能。儘管佔領美國大使館這項行動不法，美伊雙方卻都從一九八〇年秋終於來臨的談判中獲益良多。

有時我們會聽到有些人主張，政府官員應拒絕與政治恐怖分子對話，認為此舉無疑抬高了對方身價，變相鼓勵其非法行徑。確實，政府高層若會見恐怖分子似乎過於凸顯對方的重要性，相對壓縮了自己的收穫空間；但若屬於專業層面的接觸，則情況完全不同。警方談判者瞭解，與挾持人質的罪犯展開個人直接對話，往往能夠帶來人質獲釋、罪犯繳械的結局。

一九八八年科威特航空四二二次班機遭劫，當局與劫機者之間的談判密集展開，但主題愈來愈無關緊要。事件發生之初，科威特政府便清楚表明絕不釋放劫機者因恐怖行動被囚禁於科威特監獄的同志；自始至終，這樣的基本立場絲毫未曾動搖。但在塞普勒斯與阿爾及利亞，當地官員則不斷與劫機者協商其他各種事項，諸如允許飛機降落、同意補充油料、與媒體接觸、供給食物等。每回交手，官方便成功換回更多人質。在此同時，他們訴諸（因為雙方都是回教徒）伊斯蘭教義所談的仁慈及先知穆罕默德對於挾持人質的告誡。最終，全部人質獲得平安釋放。劫機者雖然也得以安然離開阿爾及利亞，但他們歷經艱苦交涉卻未達成任何目標的顏面盡失，絕對減少了此後的劫機事件。

跟希特勒那樣的人談判？談或不談，要看你另有什麼選項。某些目標值得全力以赴，甚至死不足惜，像是消滅法西斯、對抗侵犯國土者、阻止集體屠殺等。當這類事件瀕臨絕境又別無其他更容易的辦法，你會準備放手一搏，儘管有時這麼做也於事無補。

而另一方面，戰爭極其殘酷，太多時候卻被莫名美化。如果**能夠**透過非暴力手段滿足實質利益，你一定要慎重予以考慮。極少戰爭能夠像聯合國解放科威特那樣勢如破竹。而即便那場戰事如此順利，若當初得以透過協商，讓伊拉克的武力退出科威特，或許不致發生科威特油田大火，造成波斯灣環境災難，以及這場戰爭為人類帶來的巨大磨難。

最重要的是，戰爭不能保證會帶來更好的結果。作為蘇聯領導人，史達林在許多方面跟希特勒一樣令人非議。他大舉侵犯諸國領土，進行種族屠殺，倡議等同於國家社會主義（National Socialism）的國家中心意識形態（state-centered ideology）。然而在氫彈時代，要像二次大戰聯軍征服德軍那般征服蘇聯，不再有可能，原則上也不允許相互毀滅。於是西方選擇等待，耐心沈著地站在相對於蘇聯共產主義面的道德立場，直到對方解體。

即使對方有如希特勒或史達林這種人，只要談判有機會帶來比最佳替代方案更好的結果，我們就該考慮上談判桌❻。許多時候，戰爭只是談判過程中的一步；因為一方企圖以此暴行改變另一方的最佳替代方案，迫使對方接受自己開出的和平條款。在這些情況下，務必謹慎從談判角度思考，你的措辭與提案才會具備足夠的說服力。

與基於宗教信念而行動的人談判？是的。儘管談判很難改變人們的宗教信念，卻**有可能**改變其行動，包括出於信念的行動，科威特航空的劫機事件即為一例。值得再三強調的重點是：無須在談判中針對原則讓步。我們常常看到，成功的談判，即是能夠找出無悖雙方原則的解決辦法。

而有不少「宗教」衝突，只是表面上看似如此而已。北愛爾蘭的清教徒與天主教徒之爭，黎巴嫩境內的基督徒與回教徒之爭，其實都不是出於宗教。宗教只不過是拿來劃分彼此的方便藉口。人們以宗教區隔生活圈、工作場域、社交圈、投票對象，這條界線就更為明顯。談判對於這些團體意義重大，因為能夠幫助大家獲得實務上的協議，滿足共同利益。

何時應該「不要」談判？談判是不是有意義、該投入多少精力，全看你認為你的最佳替代方案有多好、經由談判帶來更佳結局的機會有多高。若最佳替代方案本身很不錯，談判卻似乎沒什麼希望，就沒道理花太多時間在這上面。反之，如果最佳替代方案很差勁，你就會願意多花點時間談判，看是否有辦法磨出比較理想的結果——即便你對結果如何並無把握。

要分析這個問題，你必須充分思考自己與對方的最佳替代方案，將與破產能源公司談判

❻想縱橫過去當代各項事例，深入瞭解是否應與惡劣對手談判及談判時點，參見羅伯・孟能勤（Robert Mnookin）所著：《與魔鬼談判：何時談？何時打？》（*Bargaining with the Devil: When to Negotiate, When to Fight*, Simon & Shuster, 2010，中譯本黎明文化出版）。

的銀行犯下的錯誤當成借鏡。法律上，這家銀行有權拿到能源公司的整個經營權，但法官卻要求雙方和解。銀行願意只拿51%的股權，並降低貸款利息，但這家公司（由經營團隊所擁有）卻絲毫不為所動。銀行挫折無比，耗費數月只盼能讓對方上談判桌，而可以理解地，能源公司一味拒絕——他們看到自己的最佳替代方案，就是靜待油價上漲；到那時，貸款可輕易償還，他們也將繼續保有整家公司。銀行則沒有深思自己跟對方各自有什麼樣的最佳選擇，其實銀行應該去找當初的**法官**談判，說明情況不合理之處，進而要求上訴。（事實上，就在銀行獲得法官的協助——針對法官無須再次審理此案的心態下手——能源公司不到二十四小時便答應和解。）這家銀行原以為，與對方談判是唯一出路。

政府常犯一個錯誤，以為自己握有的最佳替代方案比實際上來得好——比方說，面對某個情況，政府會暗示：若「政治」與「經濟」手腕都無效，他們絕對還有「軍事」選項。事實上，軍事選項並**不是**絕對可行的。（試想多數的人質事件中，有辦法保障人質安全獲救的軍事行動根本付之闕如。以色列軍方在烏干達恩德培〔Entebbe〕機場——該機場的設計建造都出於以色列工程師之手——成功的拯救突擊是一個例外，而且隨著恐怖活動手法推陳出新，成功營救人質只有日益困難。）我們是否握有自救的選擇，端視狀況如何，看能否全憑一己之力，或必須根據對方的決定？若屬後者，那我們該影響哪些決定者、我們期盼對方做出什麼樣的決定、軍事武力又能產生何種影響力——前提是，如果我們的軍力確實能派上用場的話。

先別假設你的最佳替代方案勝過談判，也別假設你沒有任何最佳替代方案。想清楚，再決定值不值得上談判桌。

◆問題6：「面對個性、性別、文化等差異，要如何調整自己的談判風格？」

就某些方面來說，生活在世界各個角落的人都相差無幾。我們都想要被愛，在乎尊重，不希望被佔便宜。而另一方面，人們（儘管來自類似的背景）又截然不同。有些人外向，有些害羞；有些口才便給、強詞奪理，有些體格強壯、容易衝動；有些直來直往，有些委婉機巧；有些喜愛鬧事，有些總是息事寧人。同為談判者，每個人各有不同利益及溝通風格，各人受不同事情打動，也有各自的決策方式。跟不同的人談判時，我們該如何調和運用這些異與同？以下提供一些建議：

步調一致。任何談判都一樣，你必須對於對手的價值觀、認知角度、關切點、行為規範和情緒保持敏感，從而調整自己的舉止。當你跟某人談判時，你希望影響的是那個人本身。你愈能貼近對方的思考方式，達成協議的機會愈高。有些頗能影響談判的因素包括：

- 步調：快或慢？
- 拘泥形式：高或低？
- 說話時的身體距離：近或遠？
- 口頭或書面協定：何者較具約束效力？
- 溝通直率度：直接或間接？
- 時程表：短期或較長期？
- 關係範疇：僅限於業務往來或相當全面？
- 期望會面地點：私下或公開？
- 談判對象：位階相當或最適任者？
- 承諾彈性：一諾千金或隨機而變？

就個別狀況調整我們的一般性建議。這本書的建議屬一般性質，不能一體適用於所有的狀況與對象，但基本信條可以廣泛應用。除非狀況特殊，我們建議你以這些基本法則為中心，再針對每個案例加以斟酌調整。**應用**這些一般性原則的最佳方式，則端視個別情形。置身何處、與誰交手、產業慣例，與此談判者的以往經驗等，都要納入考量，據以找出最恰當的談判法。

留心信念與慣例的差異，但小心別以刻板印象套在個人身上。各地各團體各有不同的信念與慣例，瞭解及尊重的同時，也要留意別因此對他人做出預設立場。

個人的態度、興趣與其他特性，往往與其所屬團體差距頗大。舉例來說，「一般」的日本人慣用間接迂迴的溝通與談判方式，但每一個日本人的風格，則可能落在極大光譜的任何區間。某位長居要職的日本官員以其無禮的「美式談判風格」聞名——那其實跟典型的美國風完全不像。有些研究指出，女性比男性傾向以更開放自由的方式獲得資訊、對人際關係更為敏銳、比較從關懷與責任角度出發、不是那麼在乎教條與個人權利；在此同時，同樣一個研究卻也指出在兩性當中，又各有頗高比例的人數展現出不同的表現[7]。

根據團體屬性對某人做出假設，是一種侮辱，也頗有風險，那等於排斥其個別性。我們不認為**自己的**信念及習慣應由所屬團體裁定，當你暗示別人如此，也是對他們的一種不敬。我們都經過成長與環境的塑成，也受到文化及團體認同的影響，但每個人的受影響程度，誰

---

[7] 參見凱羅・吉利根（Carol Gilligan）所著《不同的語音》（*In a Different Voice*, Harvard University Press, 1982，中譯本心理出版社）。

都無法判定。

質疑自己的假設，積極聆聽。無論你對他人做出何種假設（假設他們跟你一模一樣或截然不同）你都應該自我質疑。保持開放胸襟，準備接受他們跟你預期的完全相反。文化之間的巨大差異讓我們知道有哪些不同可以預期，但千萬別忘記：人都有其超出一般尺度的特殊個性與興趣。

關於戰術

◆問題7：「碰到『該在哪裡談?』『該如何溝通?』『誰該先攤牌?』『我該先喊多高?』這類問題要怎麼決定?」

醫生在指示病患該服用什麼藥、拒絕哪些食物之前，必須先瞭解病徵，診斷出可能的病因，才能擬定讓病患恢復健康的策略。這也適用於談判專家。我們沒有一體通用的專利藥，好的技術建言必須對個別狀況有足夠瞭解。

藉由四種個別案例可進一步闡述：

我們該在哪裡會面?我們有什麼顧慮?若雙方都極度忙碌，隨時會有狀況進來，則最重要的考慮可能是讓大家不受干擾。若對方缺乏安全感或需要同事支援，也許選在他們公司會讓他們比較安心。如果你希望可以隨時走人，你可能也希望選在對方的地點。談判中會需要圖表、文件或技術專家嗎？若想隨手有圖表、白板或投影機可用，最好找個備有這類器材的會議室。

該如何溝通？現在有許多談判透過電話、電子郵件或簡訊進行，這些方式的互動程度跟面對面會談截然不同。訊息太過簡短加上大家慣用的縮寫，常使不必要誤會產生的機率大幅提高。簡訊及電子郵件欠缺聲音及影像所蘊含的線索，難以解讀出對方溝通時潛在的情緒含意，容易使我們傾向往最壞打算。眼前看不到對方，還會降低或消除我們腦中「鏡像神經元」（mirror neurons）的作用，讓我們較難產生同理心與連結感。

有一項研究指出這類因素的潛在影響。在談判中，僅賣方知道某樣產品的真正價值，而由於溝通工具的不同，會產生天差地遠的結果。在面對面的互動中，僅有一小部分的賣家會說謊佔便宜；在書面溝通中，有三分之一如此；若是透過電話談判，則有超過一半會這麼做。另一方面，買家在書面溝通中顯得合理謹慎；而在當面及電話談判時，則多給予對方相當程度的信賴，導致不少電話買家輕易受騙。約有60％當面談判達成互惠協議，在書面談判只有22％，電話談判38％。此外，超過一半的書面往來走入死胡同，當面互動則只有19％，電話溝通為14%[8]。

這些差異對談判策略有何啟發？首先，只要可能，凡是涉及情緒或人際關係的高難度對話，最好是面對面進行，絕對避免使用電子郵件或簡訊。若電話是唯一選擇，則應該考慮利用視訊。

若使用電話，應努力先建立起彼此的關係，再進入實質討論；電郵或簡訊更須留意這一點。研究指出：初期下點功夫跟對方閒聊（瞭解及交換一些個人背景、探索彼此之間共有的身分或既有關係、找出共有的連結）將有助彼此合作，提高達成協議的機率。電子郵件或簡訊寄出前，至少重讀一次，多花點力氣讓內容論述更加透明。找出所有含混不清之處，自問對方可能會聽出什麼根本非你本意的訊息。若對方的回覆顯示你的訊息恐怕已經激起不良或意外反應，進一步溝通最好先考慮改用其他工具，即刻起身去找對方，或拿起電話。

即便因為訊息量龐大而使你不得不透過電子郵件，但第一次的討論仍應盡量透過面對面或者電話，並定期以同樣形式追蹤，以建立與維護人際連結，也有助於防患未然。比方說，你們可以承諾彼此，當面也好打電話亦然，有任何顧慮都應盡早攤開，可彼此分享擔憂、夢想、假設，但應避免指控對方。

當然，有些情況會比較適合透過電話、電子郵件或簡訊。例如有些人會覺得在電話上比較能夠守住立場，也能提出較有挑戰性的問題。研究指出，在其他人際訊息付之闕如的情況下，我們會更加關注於內容本身，因此強烈的爭議透過電子郵件提出可能會比面對面提出更為有效。電子郵件也讓你在回覆前有時間思考研究，不致在壓力下倉促決定。（相對地，簡訊進行得很快，無形中讓「快嘴」佔了點上風。）

還是一句老話：該選擇哪一種溝通工具，要根據情況小心研判，慎重拿捏各種利害。

誰該先出手？若以為先出牌是最好的提案手法，那你就錯了；在這之前，你必須先把利益、選項、標準研究透徹。太快出手，只會讓對方覺得倉促行事。等雙方對問題的瞭解較深時，再提出一個用心納入了彼此利益、也放進了公平標準的提案，對方就會覺得這是建設性的一步。（少做了這一項功課，即便你慷慨出手，對方也可能起戒心；社會心理學家稱之為

---

❽維利（K. L. Valley）、摩格（J. Moag）與貝澤曼（M. H. Bazerman）合著的〈信賴問題〉（"A Matter of Trust': Effects of Communication on the Efficiency and Distribution of Outcomes", 34 *Journal of Economic Behavior and Organization*, 211, 1998）。想瞭解談判中溝通模式的相關研究，參見納德勒（J. Nadler）與薛斯妥斯基（D. Shestowsky）合著〈談判、資訊科技，不見其人的問題〉（"Negotiation, Information Technology, and the Problem of the Faceless Other", in Leigh L. Thompson, editor, *Negotiation Theory and Research*, Psychology Press, 2006）。

「反射性貶低」（reactive devaluation），意指：如果你提這樣的條件，那對我一定不利[9]。）

不管你是否先出手，都應盡早試著讓討論「定錨」在對你有利的手法或標準上。另一方面，若你欠缺準備，心中沒底，大概不會主動拋出什麼想法或提案，這時你可能希望對方先出手，而且最好大方一點。然而你要留意，根據對方首次出價來評估價值的風險極高。如果你對該物品的價值毫無概念，最好事先多做功課。

議價談判時，雙方準備愈周全，誰先出手就愈無所謂。與其費心探索哪一方該先出手，不如多設法研究客觀的價值評估標準。

我該先喊多高？很多人常以對方立場改變多少來衡量自己的勝利。即使對方首次喊價是純主觀的「標籤價」或「零售價」，買方還是會因為自己以低價買進而沾沾自喜。他們沒研究過市場，不知道自己的最佳替代方案是什麼，才會因掏出比對方首次「叫價」低的金額而感到開心。

在這些情況下，你若是賣方，就會從一個自己不感覺心虛的最高數字開始出價；換個角度說，是從你可以振振有詞告訴第三方的合理價格帶的頂點出發。提出之前，你會先解釋理由，再給數字。（如果對方先聽到一個難以接受的數字，恐怕就不會聽你接下來的說明。）

不用堅守這樣一個開場數字。實際上，如果你太堅持，後來又給了折扣，自己的信用反而受損。這麼說比較安全有效：「好，我們可以比較的因素之一是別人對類似工作的估價。拿紐約來說吧，那裡的時薪是五十八美元。你覺得怎樣？」如此你就端出了一種標準還有數字，但完全沒有堅持。

策略視準備而定。關於策略，有兩種歸納結果值得宣揚。第一，在大多數情況下，策略是準備的結果。當你有充分準備，策略自動浮現。若你曾仔細研究相關的客觀標準，你自然曉得該討論其中哪些，而對方又可能會提出什麼。若你徹底思慮過自己所有的利益，你會明白應該盡早提及什麼，而哪些部分可以等到稍後再說，或根本可以略過不提。你若事先想好了最佳替代方案，就有把握何時該離開談判桌。

第二，再高明的策略，也無法彌補準備不足的缺陷。你若擬定了一個步驟嚴謹的策略，深信會讓對方輸到脫下襪子，而當對方穿著涼鞋出現，你就沒戲可唱；你打算以討論彼此的關係議題作為開場策略，而對方卻堅持先談最佳替代方案。你永遠無法斷定對方有何策略，

---

❾參見賈里德・柯漢（Jared R. Curhan）、瑪格麗特・尼爾（Margaret A. Neale）與李・羅絲（Lee Rose）合著的〈動態評估：面對面談判下的偏好變化〉（"Dynamic Valuation: Preference Changes in the Context of Face-to-Face Negotiations", 40 *Journal of Experimental Social Psychology*, 142, 2004）。

想要穿過這座森林，與其只計畫一條路徑，你最好對全盤地勢有清楚瞭解。

◆問題8：「如何能明確地從提出方案過渡到承諾階段？」

我們談了許多建議，教你如何在談判中發展出皆大歡喜的明智提案，以及如何避免或克服各種人的問題，但談判的問題還沒有結束。你要如何達成協議？我們不認為有一個最佳的過程，但有幾個一般性原則可供參考：

起步就先想好結局。談判展開前，先設想成功的協議意味著什麼是有意義的。這會讓你思考，你在談判中將要應付哪些議題，需要付出什麼代價。想想你要落實一樁協議有何先決條件，哪些問題得加以克服？然後再倒推回去。自問對方要怎樣跟他們的成員交代。（「我們會在安大略電子員工薪資水準的前百分之十以內。」「我們支付的金額，將低於三位估價師其中兩位所提出的水準。」）設想如果是你，你期望能做出什麼樣的交代，再自問：什麼樣的協議結果，能夠讓雙方說出這樣的言詞。最後，思考該如何可以讓對方（與你自己）接受一份提案，結束談判。

整個談判的過程，謹記著這些課題。隨著更多資訊不斷進來，重新調整你的願景。如此專注於目標，將有助於讓談判保持在高效能的軌道。

可考慮擬定框架協議。若是需要書面結果的談判，你大可根據可能的協議結果準備好一份大綱。這樣的「框架協議」形式與協議雷同，只是有不少的空白地方留待談判解決。房地產仲介使用的買賣表格，就是一種詳盡的範例。在其他情況裡，可能一紙簡單大綱便綽綽有餘。無論詳細與否，草擬的框架協議將可確保你在談判過程中不會漏掉重要課題；它也可作為起點及流程指引，讓你有效地運用時間。

不管是否以框架協議展開談判，過程中進行草擬協議有其道理：這讓雙方討論聚焦，確保沒有漏掉重要議題，也讓大家能明確感知談判的進展。邊談邊擬草案，也可作為討論的記錄，降低事後發生誤解的機率。若你們依照框架協議進行，則只需按部就班把討論結果填進去；如果對框架協議尚未達成共識，可能就需要擬定替代選項的各個版本。

向承諾步步前進。隨著談判進行，雙方已就每項議題討論過各個方案與評量標準，你們會希望能找出一個彼此認可的提案，充分反應出所有的觀點，盡量滿足雙方的利益。若你們在某項議題上未能達成共識，至少應該先縮小考慮範圍，然後繼續討論其他議題，也許更佳的選項或取捨條件稍後就會出現。（「好，這樣看來，六萬八千或七萬美元的薪資水準應該合理。起算日呢？」）

為了鼓勵腦力激盪，可以先公開同意：現階段的任何承諾都屬暫時性質。如此一來，可讓雙方感覺談判確有進展，但無需擔心任何討論將被解讀為最終定案。大家可以先有暫時性的承諾，且沒有充分理由不應任意更動；但你可以先講清楚，在最終版本出爐之前，你不會予以肯定的承諾。例如，你可以在框架協議的標題寫上：「暫定草案——無承諾責任」。

達成協議的過程很少是直線進行的。你要有心理準備在所有問題間穿梭數回，就某個特定議題與整個方案來回攻防。複雜的議題恐怕得經過不斷討論或放到最後，就看能否步步推進。過程中，避免責問或僵持，努力提出選項並邀請批評。（「你認為依照這份草案出來的協議如何？我不確定我們的人能接受，但應該有機會。你想這對你們行得通嗎？如果行不通，那你覺得哪裡有問題？」）

堅持謀求你的利益，但別抱著特定方案不放。希望自己能夠堅定又講理，辦法之一就是把利益跟取得利益的方法分開。對方對提案提出質疑時，別護著這份提案；再次澄清你所追求的利益，請教對方是否有更好的辦法可同時滿足你跟他們在乎的東西。若衝突僵持，問對方能否說明，為何他們的利益應該放在第一。

堅持你的分析，除非對方能夠明確指出你的思慮有何不周之處需要調整。如果你認為有道理，就虛心修正，但要先說明邏輯。（「嗯，那意見的確很好。有個方法可以評估那項因素……。」）若事先準備充足，對方可能提出的任何論點你大概都胸有成竹，知道如何借力使力或化解。

從頭到尾，應該避免無謂的爭執。如果僵持不下，可設法尋求二級協議（second-order agreement）——對彼此無法同意之處達成協議。確保雙方的利益與邏輯夠清楚，尋求不同的假設與測試方法。同樣地，設法藉由外在的標準或嶄新提案來弭平利益衝突。若是標準產生衝突，可嘗試以更妥當的評估標準或是創新辦法來解決。不要妥協。

提出條件。談到某個程度，若還不斷繼續釐清利益、設想方案、分析評估標準，只會減損報酬。當某個或一堆議題探討到相當程度時，你就該準備提出條件。初步的條件也許不過就是把兩個重要議題組合起來。（「如果頭期款在五萬美元以下，我就同意在六月三十號結標。」）稍後，這一個個的部分條件即可組成為較全面的提案。

一般來說，提出的條件不該出人意表，而應該是隨著討論進展水到渠成的產物。它不該是「不要就拉倒」式的提議，卻也不該是開放立場。那應該是你認為走到目前，雙方都可接受的一份提案。許多談判，就是在提出完整的條件時達成和解。

何時、如何提出條件，你也要稍加考慮。若雙方的討論一直在公開情況下或大規模地進行，你可能會想找個稍微隱蔽處來商定最後承諾。多數協議，是先由雙邊談判首腦一對一簽下，稍後再以較為公開的形式宣告談判正式落幕。

若協議可期，卻有些議題僵持不下，設法找出公平的程序以促成和解。在主觀的數字中縮短差距，只能製造一個主觀的結果。若提出的數字都有具公信力的標準支撐，則釐清其中的差異，可謂一種公平手段。另一個辦法，是由一方或雙方邀請第三方與兩邊個別對話；也許如此數回，有希望產生一個「最後機會」的終極建議。

尾聲的慷慨大器。當你意識到距離和解僅一步之遙，可以考慮給對方一件對他們頗有價值、卻不脫提案基本邏輯的東西。讓對方明白這是你的最終表態，別讓他們以為還有更多便宜可討。這樣一份改良版的提案，有時的確可以衝破最後一分鐘心防，順利達成協議。

你希望對方是在心滿意足、感覺公平的情況離開談判桌。那樣的感覺，在協議落實階段以至未來的談判，都可能發揮莫大的影響力。

◆問題9：「如何不冒太大風險地試驗這些概念？」

或許你完全認同這套方法管用，卻擔心自己執行不力，以致無法獲得比你目前更好的談判成效。要怎麼做，既可以測試這些想法，卻不用冒太大的風險呢？

從小處開始。由代價不大的談判著手實驗：你有不錯的最佳替代方案，對你有利的客觀標準相關性既強又唾手可得，對手似乎也很吃這一套。先從加強你現有技能的部分開始，繼而每次嘗試一種新的概念。隨著經驗與信心增加，慢慢加注，以新學會的技巧應用於難度與代價較高的情境。不必想要一次嘗試全部。

做點投資。有些人一輩子打網球卻始終停在原處，這些人無心從不同的角度檢視自己，也無意改變。優秀好手則明白：想要更上一層，就得從不同的管道投資。中間一段時間也許會變得更差，因為必須克服不熟悉的新技巧，但最終，他們得以攀上另一個高峰，經由新技巧開發了更多的長期潛能。談判方面，你也應當如是。

檢討表現。每次重要談判後，排定時間反省自己的表現。有哪些地方做得不錯？哪些不行？哪些可以改善？不妨寫下談判日誌，每隔一段時期反覆閱讀。

準備！如同以下討論，談判力不是貯存到某個定量就能隨心所欲四處應用，談判需要事前做足功課，好讓資源在特定場合發揮威力。換言之，那需要準備。而充分的準備毫無風險，唯一需要的就是時間。準備愈充分，就愈能順利施展這些概念，也愈能理解其價值所在。

規劃如何與對方建立及維護良好的共事關係。寫下你跟對方的利益，再發想各種可盡量滿足所有利益的辦法。尋求各種客觀的外在標準，挑選其中的首選。自問你會想做出哪些聲明，再看能否找得出支撐它們的事實與資訊。也想想對方可以用什麼基準來說服成員接受這樣一份合約；如果對方找不出道理，合約就難以成立。再想想你會希望雙方做出哪些承諾，然後據此擬定一份框架協議。

面對某些情況，你可能會想找朋友幫你模擬一下即將來臨的談判，也許請他們扮演對手或是你（在你的提點之後），而你自己設身處地扮演對手。（站在對方立場聆聽自己的論點，是一種很有力的測試技巧。）你也可能想得到他人指點：也許從朋友身上，也許是請教經驗豐富的前輩或專業顧問。

就許多方面來說，談判好比運動。有些人天賦異稟，如同頂尖的運動好手，他們可從準備、練習、指導中獲益良多；而天賦沒那麼高的人，則更需做足準備、練習與回饋，從中得到的收穫也更多。不管你屬於哪一種，學無止境，凡努力必有收獲。一切就看你自己。

關於優勢

◆問題10：「若情勢有利對方，靠談判方式真的有用嗎？」以及「要如何加強我的談判優勢？」

不管你的相對優勢如何，如何談判（及如何準備）可造成**非常大**的差異。

有些事你無能為力

當然，再怎麼厲害，有些東西就是無法透過談判獲得。世界頂尖的談判好手也買不到白宮。除非你有辦法讓對方相信你的提案比他們的最佳替代方案更理想，否則別指望談判成功。這一點若是做不到，就沒什麼好談的。此時，應該先設法改善你自己的最佳替代方案，可能的話，也包括對方的。

如何談判，影響甚鉅

若有希望達成協議，怎麼談，將可影響能否談成、或結果是否理想。談判手法可決定能否把餅做大、或只是大家來分既有的餅，也可決定你跟對方的關係好壞。當對方似乎握了一手好牌，你的談判手法更是至為關鍵。假設你想協商請求例外或工作機會，現實上，不管對方答應或拒絕，你都無能為力。在這種情形下，談判技巧將決定一切。不管成功機率多小，你的談判方式將決定你能否獲得那樣的契機。

「資源」不等於「談判力」

談判力是說服某人做某件事的能力。美國很富有，擁有許多原子彈，這兩者卻都無法嚇退恐怖行動，也無法釋放例如在貝魯特遭挾持的人質。資源能否帶來談判優勢，要看整個狀況而定——看你想說服的對象，以及你希望他們做什麼。

別問「誰比較佔優勢？」

想評估自己還是對方比較「佔優勢」是頗有風險的事情。如果認為自己比較佔上風，你可能會流於鬆懈而沒把功課做好。相對地，若是你判定自己居於下風，心裡可能會產生退怯，同樣也就沒能下足夠的功夫研究如何說服對方。不管做出哪種結論，都不能幫你更上一層樓。

實際上，即便對方握有龐大資源，你仍可做許多事情來強化自己的談判力。當然，在某些談判中，好牌全在對方手裡，至少短期內是如此。但這個世界的相互依存度愈來愈高，有技巧、有韌性的談判者幾乎總能找到其他資源跟潛在同盟把雙方的勢力拉近，甚至最後還能整個翻轉情勢。沒有嘗試之前，你永遠不知道有哪些可能性。

有時人們似乎就是想要居於下風，寧可相信自己無法影響局勢，所以無須對自己的無為自責，也閃避了嘗試扭轉情勢的代價——頂著失敗風險努力嘗試，可能會導致丟臉。但儘管這種情緒可以理解，事實卻是：有效的談判，絕對可以帶來更好的成果；而上述那種種自欺欺人的態度，也會自我實現。

最好的原則是保持樂觀——盡量嘗試，不要退縮。在不浪費太多資源於毫無希望的目標的前提下，要堅信即使沒能成功，許多事仍值得努力。你嘗試得愈多，得到的機會愈大。談判的相關研究不斷證實：信念與結果之間，存有高度的相關性。只要合理，正面思考絕對會帶來好處。

談判優勢的來源很多

要如何增強談判優勢？這本書從頭到尾就在嘗試回答這個問題。談判優勢有許多來源，握有不錯的最佳替代方案是其一。如果對方相信你，大可讓他們知道你有更好的選項。本書第二篇所談的四個元素——人（關係），利益，選項，客觀標準——也是談判優勢的來源之一。若對方在某種元素佔上風，你可以努力加強其他元素。除了這五種，我們想再加上第六項：承諾力，跟第七種：有效溝通力，包括過程管理。

建立良好的共事關係可以增進談判力。你若瞭解對方而他們也瞭解你；即便他們不同意你的提案，但理解你的情緒且尊重你；如果溝通明確，有來有往，能專注聆聽；如果彼此信賴，肯定對方的可靠性。如果人的問題能直接就其本質處理，而不藉實質讓步來迴避，對彼此而言，談判都將容易許多，成功機會也會提高不少。就這層意義來說，談判優勢並非零和現象。對方握有更多談判優勢，不見得你的相對必然減少。雙方共事的關係愈好，彼此都更能夠影響對方。

跟某些普遍觀點相反，如果對方對你的影響力擴大，對你其實是有好處的。兩個以可靠著稱的人，要比兩個以不誠實聞名的人更能互相影響。你愈能信賴對方，就愈提高他們對你的影響力，但你也因此受惠：你可以安心進入協議，知道這個過程會同時顧及雙邊的利益。

一九六七年中東戰爭之後，英國駐聯合國大使卡拉登勳爵（Lord Caradon）試圖在安理會通過一項中東和平架構決議。其他都贊成，就差蘇聯一票。蘇聯代表庫茲涅索夫（Vasily Kuznetsov）去找卡拉登，要求延後兩天投票。卡拉登不答應，怕蘇聯企圖利用這段時間為他們自己的方案拉票。庫茲涅索夫不放棄：「你恐怕誤會我的意思了，我是**以個人名義**請你多給我兩天時間。」聽到「個人名義」，卡拉登明白自己必須答應。為什麼？「我非常瞭解庫茲涅索夫這個人，我們曾一起經歷過其他許多難題。我非常欽佩他。我相信他絕不會故意整我……我知道我能相信他，就像他可以相信我一樣。」於是卡拉登向安理會要求延後投票表決。兩天後，安理會再度開會投票。「我舉手贊成，」卡拉登回顧當時：「接著席間響起一陣歡呼，我朝右手邊一望，瞧見庫茲涅索夫舉起手贊成，也收回他自己的原先提案，讓英國二四二號議案獲得全數通過。他充分利用那兩天做足了功課，瞭解到全數通過與充分支持此案的必要性。他回去跟他的政府談，我深信他也去找過阿拉伯政府，並成功說服了他們。」[10]直至今日，聯合國二四二號法案在中東和平協議中仍居核心位置。

庫茲涅索夫的例子說明了：信譽的力量，甚且超出組織之上。身為談判者，誠信可能是你最重要的一項資產。

有效溝通可以增進談判力。良好溝通尤其是談判優勢的強大來源。為訊息增添效果，傾聽對方，證明你有聽進去，這些都能提高你的說服力。有技巧地控制談判過程（必要時改變遊戲規則）可大幅影響成果品質。

甘迺迪總統的技巧讓他在第一項（包裝強有力的訊息）享有盛名：「我們絕不出於害怕而談判，但我們絕不害怕談判。」[11]

一則訊息不必然非得那麼精確，才夠清楚有效。在許多情況下，幫對方瞭解你的思維（即使當你存有兩種不同的心思）即可減低他們的恐懼，釐清誤解，促進合作解決。試想一家

---

[10] 引自凱倫・費斯特（Karen A. Feste）所著《和平計畫：談判及以阿衝突》（*Plans for Peace: Negotiation and the Arab-Israeli Conflict*, Greenwood Press, 1991）。

[11] 就職致詞，一九六一年一月二十日。

供應商提出了一份自認頗具競爭性的標價，買方很滿意，也很喜歡這位投標者，但顧慮這家市場新手是否有足夠能力應付高峰需求量。如果買家只說：「不了，謝謝你！」然後以更高代價與另一家供應商簽約，這位投標者可能會以為買家不滿意他的出價，也沒有機會說服買家：他們絕對有辦法應付那樣的需求量。如果買家能坦然告知他對這樁買賣的興趣及顧慮，雙方其實都將蒙受其利。

好的傾聽能力可以提高談判優勢，因為你會得到更多有關對方利益或其他可行方案的資訊。一旦理解對方的感受及顧慮，你就能著手解決，探索對方同意與反對的部分，研擬繼續下去的可行做法。設想一位老人家，醫生想幫他轉院到另一間專門機構治療。醫生反覆解釋那間機構對他比較好的理由，老人卻始終不肯點頭。看到老人硬要跟自己的利益過不去，醫生認定他就是不講理。而一位實習生很關心這位老先生，仔細傾聽了他不想離開的原因：老病人說他這輩子有多次被拋棄的經驗，讓他害怕這次轉院又將造成另一次創痛。實習生直接處理了這份恐懼，老人終於開心地答應轉院。

證明你確實聽進對方所說的話，也能提高你的說服力。當對方覺得你有聽進去，也就比較願意聽你想講的。當對方講我們同意的事情時，我們比較容易聽得進去；如果是我們不贊成的內容，就沒那麼容易保持專心，但這卻也是聆聽最能發揮效用的時刻。先聽，別急著辯駁。詢問。確保你瞭解對方觀點，也確保他們知道你瞭解。當他們知道你明白他們的意思，就無法指責你的反對是因為不瞭解。

對談判過程的理解及改變遊戲方向的能力可提高談判優勢，因為談判過程會影響你能達成什麼樣的結果。立場之爭往往導致奇怪主觀的成果，既難以對成員交代，也無以作為未來談判的經驗法則，而且還傷感情。

如同在第8章所討論的，瞭解對方在使什麼伎倆，讓你能明確指出，進而公開談判可接受的手法。另一種「改變遊戲」之道是改變架構，換言之，把談判重心從立場移到利益、選項或標準之上。例如，當對方說：「我們最多只能出一萬美元。」而你認為五萬才合理，你可以有幾種回應方式：

- **將重心重新調整到利益上**：「我聽到你的立場了。那似乎跟市價相差甚遠，請你幫我瞭解你的利益所在。你現在有嚴重的現金流量麻煩嗎？」
- **將重心重新調整到選擇方案上**：「一萬元是個選項，就像我們認為十萬或二十萬是不錯的選項一樣。我想我們該腦力激盪出更多彼此可接受的方案。我們是不是……？」
- **將重心重新調整到標準上**：「你一定有充分的理由支持一萬元是合理價位。請問這數字是怎如何得出的？或者說，為什麼不是零元或十萬元？據我瞭解，市場價格是五萬元。我們為什麼該同意這樣的低價呢？」

- **將重心重新調整到最佳替代方案上**：「當然，這是你的決定，也許有人會接受。現在我想我們得認真思考，究竟有沒有可能找到共識。」

重新調整，是最強大的談判優勢之一。運用陳述與問題，把談判焦點移到利益、選項、標準上——進而將談判從立場之爭，轉移到原則性談判。[12]

回到第3章那些擔心鄰近一處不安全建設工地的社區居民。試想他們跟建設公司之間的對話，不同的開場會引導出如何不同的結果：「我們要求你們立即在工地周圍建造圍籬！」相對於「我想請教你們一個簡單的問題。請問：貴公司是否恪守產業安全標準？」後者顯然是一個讓建設公司無法說「不」的問題。一旦他們說「是」，居民就只需提出從別家建設公司蒐集的標準來強化論點即可：「很好。透納建設說，他們會在任何一個大於道路坑洞的坑洞周圍豎起兩公尺高的圍籬，而且絕對會在動工**之前**先把這件事情做好。」

瞭解對方的利益可以增進談判力。愈清楚對方的顧慮，你愈能以最低代價滿足他們。留意一下，有什麼抽象或隱藏的利益，可能對他們很重要。金錢這類的具體利益，背後又還有什麼。（「這些錢要用來做什麼？」）有時候，對方堅持的立場再怎麼令人難以接受，底下都可能藏有某個能夠與你的利益相呼應的地方。

來看看一位打算買下一家廣播電臺的企業家。該電臺大股東願意以合理數字出售他手中的三分之二持股，但握有另外三分之一的股東（也是電臺現任經理）卻開出了天價。企業家提高出價幾回仍不成功，幾乎決定要放棄。最後，他再深入瞭解那第二股東的利益才明白：這位經理其實沒那麼在意錢，她真正想要的，是能繼續管理這間她擁有部分股權的電臺。於是企業家提議，只要她出售部分的股權讓他得以克服稅賦問題，她可以繼續擔任電臺經理。這位股東接受了，而且要價比企業家原先預計的便宜將近一百萬美元。瞭解賣方立場背後的利益，大幅增強了買方的談判優勢。

發想周全的方案可以增進談判力。成功的腦力激盪可以提高你的影響力。當你瞭解雙方利益所在，往往就可以（如同上述的電臺例子）找出有效辦法，顧全所有利益。而有時，想出聰明的談判過程，也有同樣效果。

⓬想瞭解更多重新調整及其他應付困境的談判策略，參見尤瑞（William Ury）所著《突破拒絕》（*Getting Past No: Negotiating in Difficult Situations*, Bantam, 1991; revised edition 1993）。

來看一場暗標的郵票拍賣。拍賣商希望，競標者能以他們願意為這張郵票拿出的最高金額出價，而每一名潛在買家，卻都不想拿出高於必要的數額。一般的暗標拍賣中，競標者往往試著喊出比他們估計其他人可能出價略高的數字。然而有一場郵票拍賣的規則卻是：郵票由出價最高者獲得，但得標者只需支付出價第二高的那個數字，所以買家只管安心地以自己願意為那郵票付出的代價競標，因為賣方掛了保證：**他們不必拿出這麼多錢！**沒有競標者會遺憾自己沒有出得更高，而出價最高的人，則很高興自己可以少付一點。另一方面，拍賣商則開心地發現，最高價跟第二高價的差距，往往比一般暗標拍賣來得小[13]。

使用外在合理的標準可以增進談判力。合理標準既可作為說服他人的一把劍，也能成為幫你抵擋讓步壓力的一面盾。（「我很想給你折扣，但這是不二價。上週通用汽車就是以同樣價格買進同樣產品的。你瞧，收據在這裡。」）就像律師引用經驗法則及原則來提高其說服法官的能力，談判者也可藉各項前例、原則、其他外在公平準則，來加強談判優勢，再加上有力動人的表述：「我只要求你付我你給其他人做這件事的價格，不用多，也不能少。」「只要我們能夠負擔，我們會出這房子值得的價格。我們願意開出上個月鄰近那棟類似房屋的售價。除非你能舉出充分的理由解釋你的屋子值更多，不然我們的出價就這麼高，不可能動。」說服對方你要求的不過就是公平，這是你能做出最有力的論述之一。

好的最佳替代方案可以增進談判力。如我們在第6章所說，提高談判優勢的基本方法，就是強化自己放棄談判後的選項。一個好的最佳替代方案就是強力聲明，讓對方知道他必須出得更多。（「對面那家公司給我加兩成薪水挖我過去。我個人希望留在這兒，但考慮現在的生活水準，除非很快獲得調薪，恐怕我得轉換跑道。你認為有什麼可以討論之處嗎？」）

除了加強自己的整體最佳替代方案（若談判失敗，你要怎麼做），你也要準備「最佳替代微方案」——如果**這次會面**沒達成任何協議，最佳成果會是什麼？那可以幫你事先擬好漂亮的退場臺詞，以面對沒有結論的結果。（「謝謝你分享你的觀點及聆聽。如果我決定繼續，我會跟你接洽，也許共同提出一個方案。」）

有時你可以很合理地破壞對方的最佳替代方案。舉例而言，我們認識的一位父親希望讓兒子除院子的草，他開出一筆為數不小的金額，兒子卻不為所動。最後，兒子無意中揭開自己的最佳替代方案：「可是老爸，我不需要靠除草賺錢啊，你，呃，你週末都會把皮夾放在

⓭ 類似這樣的過程，可用於一切分配決定，甚至如有害物質廢棄場該設在哪裡這類爆炸性議題。參見霍華・雷發（Howard Raiffa）所著〈創意補償：也許就在我家後院〉（"Creative Compensation: Maybe 'In My Backyard.'" 1 *Negotiation Journal* 197, 1985）。

櫃子上頭……」這老爸很快改變了兒子的最佳替代方案，不再把皮夾放在外面，並強調未經同意不可拿別人的錢，他的兒子就開始除草了。破壞對方的最佳替代方案，可用以強迫或壓榨，卻也有助於達成公平結果。努力改善自己的選項，同時讓對方降低對他們手中選項的評價，是增強談判優勢的重要方法。

慎重鋪陳的承諾可以增進談判力。還有一個值得注意的談判優勢來源：承諾的力量。你可以透過三種方式以承諾強化談判優勢。例如，你可以提出堅定聲明，承諾你會做什麼；你可以謹慎地做出反面承諾，強調你不會做什麼；然後，你可以明確點出，你希望對方承諾什麼。

澄清你會做什麼。提高談判優勢的方法之一是：給對方一個時機恰好的堅定提案。當你提出一個堅定的提議時，你為對方指出了你會接受這樣一種方案，但也澄清你並不排除討論其他的方案。如果你希望某人接受一份工作，別僅是談這工作，向對方提出條件。一旦提出了條件，你便放下獲得更好條件的機會，但收穫則是你幫對方簡化了選擇，讓他們容易做出承諾。想要達成協議的話，他們只需說聲「好」。

告訴對方，如果他們同意合約，你會做些什麼。這可以讓對方克服簽了約就走下坡的恐懼。若你沒給予這份聲明，他們即使感到掙扎，也覺得比盲目接受「綁在布袋裡的小豬」來得安全。尤其，若他們擔心你一見他們鬆動，就會想得寸進尺。一九九〇年，聯合國安理會試圖以制裁迫使伊拉克退出科威特。安理會強力要求伊拉克必須撤退，卻沒有說明：制裁也會連帶終止。如果伊拉克總統海珊（Saddam Hussein）以為，即便退出，伊拉克仍將受到制裁，那麼，制裁儘管造成不便，卻不會促成伊拉克撤軍。

保證愈是明確，說服力愈大。所以，書面保證可能要勝過口頭承諾。（我們認識的一名房地產仲介，就喜歡要出價的客戶拿出一捆捆的美元大鈔。）你可能要跟對方強調：這個保證「逐漸消失」，即將在某某時間點、某某情況下失效。舉例來說，即將於一九八一年上任的雷根總統，便為美伊談判釋放美國外交人質製造了逐漸消失的機會點，伊朗人可不想再跟一個新的美國政府從頭來過。

某些情況下，你可能也需要明確提出：對方若不接受你的提案，你將怎麼做。也許他們不明白你的最佳替代方案對他們的影響。（「如果今晚我們的公寓還是沒有暖氣，我就得打電話給衛生署緊急專線。你知不知道，如果他們發現房東違反規定，將處以兩百五十美元的罰鍰？」）

考慮保證你不會做什麼。有時，你可藉著讓對手相信你無法或不會提出更好條件（「不要就拉倒」），說服他們接受比最佳替代方案還要好的提案。而這不只是個提議，你同時也把自己雙手綁死，再難改變情況。如第1章所討論到的，鎖死在某個立場的代價很高；談判初期就鎖死立場，壓縮了對話空間，讓對方感覺受迫或不被尊重，對雙方關係頗為不利。若你事先瞭解對方的利益，研究過各種讓彼此獲益的方案，這時，鎖定立場的風險就比較小。若有充分理由解釋你為何必須堅持立場，跟你個人意志無關，就更有利於維護彼此的關係。

到某個程度，你可能需要嚴肅地提出最終方案。這會破壞對方的最佳替代微方案，讓他們動搖。如果他們此時說「不」，就再無機會跟你達成比較好的成果。

澄清你希望他們做什麼。想清楚你希望對方做出哪些承諾。這很值得，可以確保你的要求合情合理。「蘇珊，我要妳保證，下次我打電話時，**絕對不再**吵我。」萬一蘇珊碰到緊急狀況還堅守這個承諾，那就糟了。避免做出模糊不清的承諾：像是缺少約束力，漏掉重要資訊，或根本不切實際。

尤其當你希望對方採取某種行動時，你要確切說明那究竟是什麼，否則他們可能什麼都不做，因為不想做太多。比方一九九〇年秋，美國對海珊的影響力，就因沒闡明美方希望伊拉克怎麼做而減低。在不同的時間點，伊拉克自科威特撤軍，銷毀伊拉克核子設備，降低伊拉克軍事能力，海珊下臺，都是美國的可能目標。

充分發揮潛能

想讓潛在的談判優勢充分發揮，你得善加結合各種力量來源。談判者有時會找自己最擅長的一種單獨使用。比方當某位談判者擁有極強的最佳替代方案，他也許就以此要脅對方接受最後條件，否則拉倒，卻因此破壞了原有論點本身具有的說服力。如果你打算提出你的最佳替代方案，最好也要表示對雙方關係的尊重，保留對話空間，強調你最後出牌的合理性，說明那之所以能滿足彼此利益的道理所在，諸如此類。運用每種元素來加強其他，你的整個談判優勢將會更形龐大。

唯有在你深信自己所言所行之時，你才會是個真正有效能的談判者。這本書裡的概念，不管你能用到什麼程度，別讓人一眼覺得你是硬把別人衣服穿在自己身上。適當裁剪，直到你找到一種有力又順手的方式。那可能需要不斷的試驗以及一段痛苦的適應期，而最後，當你深信自己所說，說的也是自己所深信時，你差不多就能將談判優勢發揮得淋漓盡致了。

哈佛大學談判專案中心簡介

哈佛大學談判專案中心旨在促進談判及爭端處理之理論、教學、實踐，以幫助人們更有效地解決各種衝突，無論是平常的人際相處以至國際之間。此專案中心隸屬哈佛法學院談判課程，結合哈佛、麻省理工學院、西蒙斯學院（Simmons）、塔夫斯大學（Tufts）多位學者與專案研究。哈佛大學談判專案中心來回理論與實踐之間以發展概念，實踐者咸認助益甚大，學者則肯定其紮實穩健。此中心活動包含：

理論樹立。本專案中心協助研發各項架構，如本書整理出之原則性談判法。其他包括針對難纏人事所發展的突破談判，可見於《突破拒絕》；如何處理困難對話，見於《比要求加薪更難以啟齒》；瞭解及掌握談判中情緒，見於《理性之外的談判》；讓你在商界或外交界都能獲致結果的系統工具，見於《超越馬基維利》（*Beyond Machiavelli*）及《完成使命》（*Getting It DONE*）；還有教你如何不傷感情更不破壞交易地有效拒絕對方，見於《學會說不》

。此專案中心也發展出某些概念，如單一主題調解程序，一九七八年九月美國於大衛營即以此方法調停中東和平談判。

教育訓練。此專案中心為專業人士（律師、商界人士、外交人員、記者、政府官員、工會領袖、軍官等）及研究生、大學生研發各種課程，也為高中生設計了一套實驗學程。每年為律師與一般大眾提供為期三週的談判課，放在哈佛談判學院當中，教授也負責高階談判課程（Program on Negotiation for Senior Executives）。參見 www.pon.harvard.edu。

出版品。除前述諸多著作，此專案中心亦提供各實用材料，如《國際調停：實務指南》（*International Mediation: A Working Guide*）、談判者備忘錄、個案研究、談判訓練、教師手冊，供實務操作者及師生使用的各項表格。有意索取現成教學材料者，我們會轉至談判課程交流中心（Program on Negotiation Clearinghouse）處理。

行動研究。教授及學員積極研讀刻正發生的各種衝突事件，不定期以第三方諮商與輔導角色置身其中。此專案中心曾協助美蘇和解政策，中美洲和平進程，南非憲法談判與之前諸多政治協商，與其他各種狀況。目前致力的一項行動為「亞伯拉罕足跡」（Abraham's Path, Masar Ibrahim al Khalil），盼藉著鼓勵眾人踏上這位多種民族信仰的先知於中東行過的道路，建立起西方與回教世界的瞭解及尊重。

特別企劃

商業談判實戰演練

企業經營管理顧問師陳其華製作
Blog: tw.myblog.yahoo.com/raychen9
Facebook: www.facebook.com/Raychen9

無論在職場、生活或事業上，當你想從別人那裡獲得自己想要的東西，就需要善用談判手段。人生，幾乎無處不談判。在商場上的生意人都知道高段的商業談判，需要讓彼此雙贏。也就是說，想滿足自己的利益需求，要先滿足對方的利益需求。當你用心專注在雙方價值的創造上，雙方的利益就會自然產生。大家都知道客戶為王、客戶為尊，但是人性的特質，卻讓業績壓力造成的緊張與擔心，在業務推廣過程中太過目標導向，結果反而欲速則不達。

談判，不是只有皆大歡喜的軟式談判與競爭角力的硬式談判。哈佛大學談判專案中心發展出的原則性談判法，告訴我們談判決定的依據，不在人的立場之爭，而在問題的本質。

《哈佛這樣教談判力》一書提供一套完整談判的思考原則與評估方法。首先提醒讀者，要把人與問題分開來思考。並針對人的問題，事先分析且思考評估，並找出可行的方案。其次，要關注雙方利益，而非彼此的立場。再來找出對彼此有利的相關方案選項。並提醒結論的評估標準要客觀。最後，針對問題、利益、選項與標準四個構面，做進一步分析與規劃。最終，在創造雙方共同利益下，形成合作方案。

我們根據這樣的架構規劃了幾張談判思考的實用表格，並以一個商業個案為例，呈現出談判前的準備過程。在示範案例後附上空白表格，希望協助讀者在研讀本書後，可以藉由表格的引導，實際運用本書教導的談判原則與思考步驟，有效協商生命中的所有難題。

個案說明

A公司：傳統資訊硬體廠商，因市場趨勢改變，最近開發出一套網路數位學習產品。

B公司：資訊產品代理商，長期耕耘市場。在業界排行前三名，擁有一定的市場占有率。

C客戶：面板科技廠，老闆很重視員工培訓，曾是B公司的客戶。

兩年前，B代理公司曾經代理A硬體公司的產品，C面板公司是其中一位客戶，曾採購一批資訊軟硬體。但因A硬體公司的維修人員服務態度不好，引起C面板公司主管客訴，進而退貨。這件事情嚴重影響B代理公司的商譽，更因此事件，讓B代理公司的主管轉而尋求別的供貨商，減少對A硬體公司的進貨。

A硬體公司最近開發出一款新產品，功能特別又剛好符合市場的需求，商機著實不小。但新任張副總苦思找不到合適通路，在經過市場研究後，發現近年來，B代理公司的市場實力提升，市占率已到了市場二哥的地位，頗具影響力。

張副總想重啟跟B代理公司的合作關係，藉由朋友引薦安排機會，想跟B代理公司的主管談談合作方式。他從朋友那邊得知，B代理公司現有手上的新產品不多，且缺乏殺手級產品，來與同業老大對抗，故最近似乎也在找新產品。

張副總在去B代理公司拜訪前，花了幾個晚上，仔細思考該如何跟對方商談，以取得談判的優勢。

首先，張副總先針對以下四項原則來做初步思考。

1. 把人與問題分開。
2. 關注利益，而非立場。
3. 找出對彼此有利的選項。
4. 結論的評估標準要客觀。

表1　把人與問題分開（範例）

就第一要點，要把人與問題分開來思考，並不是一件容易的事。但是在談判前，針對人的問題，一定要事先分析，並提早準備相關預防措施。針對人的問題，我們可以從觀點、情緒與溝通，這三個面向來思考評估，並找出可行的方案。

以下的表格，可以提供你在三個構面的思考項目。

面向	思考項目	可能做法
觀點	□將心比心 □別根據自己的恐懼推敲對方動機 □別把自己的問題怪到對方頭上 □討論彼此的觀點 □伺機展現打破對方成見的作為 □讓對方參與過程，對結果有所擔待 □保住面子：讓提案合乎對方價值觀	・主動提出行銷預算共同分攤方案。 ・了解對方的通路發展策略與短期業績目標。 ・跟對方提出我們對市場的看法，並分析說明這項新產品的發展價值。 ・請對方提供對我們產品在行銷上的建議，仔細聆聽，共同討論合作方案。
情緒	□辨識並理解對方與自己的情緒 □多留意核心議題 □注意自我認同的問題 □正視情緒，予以尊重 □讓對方宣洩情緒 □沈著面對情緒爆發 □採用象徵性姿態	・我們要把新產品的第一批貨充分曝光，盡快投資回收。 ・若對方對之前的事情還是不能諒解，我們可以先主動道歉。 ・對方雖不是第一通路品牌，但有他們的市場競爭實力，我們盡量講正面的合作。
溝通	□積極傾聽，確認對方所言 □談話是為了獲得理解 □談自己，別說對方 □目標明確	・針對對方提問與建議，做好筆記，會議結束前確認內容。並在回去後，跟團隊討論。 ・會議內容應分工到市場探訪求證真實性。 ・討論內容要緊扣此次合作的價值與效益目標。

表 1　把人與問題分開

面向	思考項目	可能做法
觀點	□將心比心 □別根據自己的恐懼推敲對方動機 □別把自己的問題怪到對方頭上 □討論彼此的觀點 □伺機展現打破對方成見的作為 □讓對方參與過程，對結果有所擔待 □保住面子：讓提案合乎對方價值觀	
情緒	□辨識並理解對方與自己的情緒 □多留意核心議題 □注意自我認同的問題 □正視情緒，予以尊重 □讓對方宣洩情緒 □沈著面對情緒爆發 □採用象徵性姿態	
溝通	□積極傾聽，確認對方所言 □談話是為了獲得理解 □談自己，別說對方 □目標明確	

表 2　雙方利益分析（範例）

在思考第二要點中，提醒要關注雙方利益，而非彼此的立場。

以下的表格，提供你有創意的條列出雙方可能同意的利益清單，並說明這選項對彼此利益的價值與影響。

對方	
利益清單	原因
競爭武器	打敗市場率第一名的通路同業。
提升銷售量與營業額	取得潛在可獲利的商品。
降低行銷成本	共同行銷也可帶動其他相關產品銷售量。

我方	
利益清單	原因
銷售量	第一批貨的生產批量，需盡早完銷。
品牌行銷	藉由對方通路的影響力，建立品牌在目標客群的知名度。
產品曝光	增加產品的曝光度，提高成交率與銷售量。

表 2　雙方利益分析

對方	
利益清單	原因

我方	
利益清單	原因

表 3　發想方案選項（範例）

在思考第三要點中，建議要找出對彼此有利的項目。

以下的表格提供你思考的步驟，協助你找出談判的相關方案選項。

步驟	問題	思考筆記
步驟一 問題	出了什麼問題？ 目前有哪些症狀？ 有些令人不滿的現實狀況	・雙方曾經合作不愉快。 ・短期內，彼此還未曾有合作接觸。
步驟二 分析	診斷問題： 將症狀分門別類 提出可能原因 觀察缺少甚麼 記下解決問題的阻礙	・對方對我們的新產品不瞭解。 ・該多製造跟對方接觸與彼此認識的機會。 ・請朋友引薦，並事先做好充分準備。 ・深入了解對方現階段的通路行銷與競爭策略。
步驟三 解決途徑	有哪些可能的策略或處方？ 理論上有哪些辦法？ 廣泛蒐集可能的處理方法？	・提出能協助對方創造業界領先地位的合作方案。 ・新產品在對方看得到的媒體曝光，或是創造潛在客戶到對方通路詢問的需求度。
步驟四 行動方案	可以做些什麼？ 可以採取哪些具體步驟？	・對方的內部與市場狀況了解分析。 ・談判策略與合作提案計畫準備。 ・約面談，互訪。 ・找出符合彼此最大利益的方案。 ・落實方案的執行計畫進度。

表 3　發想方案選項

步驟	問題	思考筆記
步驟一 問題	出了什麼問題？ 目前有哪些症狀？ 有些令人不滿的現實狀況	
步驟二 分析	診斷問題： 將症狀分門別類 提出可能原因 觀察缺少甚麼 記下解決問題的阻礙	
步驟三 解決途徑	有哪些可能的策略或處方？ 理論上有哪些辦法？ 廣泛蒐集可能的處理方法？	
步驟四 行動方案	可以做些什麼？ 可以採取哪些具體步驟？	

表 4　找出客觀標準（範例）

在思考第四要點中，提醒結論的評估標準要客觀。

以下的表格列出可能的客觀標準類別，再由其中挑選合適的類別，評估並說明相關的客觀標準內容。本案例挑選三個類別說明如下。

類別	客觀標準	評估細節
市場行情	目前市場上同業的通路合作案例。	・我們可以共同分攤行銷費用。 ・可以協助提供現場的解說人力。 ・供對方通路業務人員，更完整的銷售培訓與相關資料。
前例	上次我們跟 B 公司的合作方案。	・以前是出貨寄賣給七折，但效益不高，可能需要增加誘因，以提高對方的合作動機。
互惠	依據雙方真實需求，規劃公平互惠的合作方案。	・對方：提供通路廣告版面、較佳展示鋪位、聯合促銷活動。 ・我們：贊助廣告費用、解說人力、進貨優惠價格。
科學判斷		
專業標準		
效能		
成本		
法庭認定		
道德標準		
同等待遇		
傳統		

表 4　找出客觀標準

類別	客觀標準	評估細節
市場行情		
前例		
互惠		
科學判斷		
專業標準		
效能		
成本		
法庭認定		
道德標準		
同等待遇		
傳統		

表 5　談判思考的過程（範例）

四個要點思考完後，張副總更進一步針對四個構面，進一步分析現有狀況與可能發展。藉以規劃初步的的提案內容，與跟對方的討論內容，希望在雙方共同利益下，形成合作共識。

	分析	規劃	討論	可行方案
問題	．雙方曾合作不愉快，欲重啟合作談判。	．釋出善意。 ．傾聽對方需求。 ．分析市場。	．雙方參與行銷的成員。 ．提雙方互利的企劃案。 ．佐證資料提供。 ．雙方可用的談判籌碼。 ．彼此可投入的資源。 ．彼此的期望目標與談判底線。	．數個可能的合作方案。 ．可能變動選項。
利益	．我方新產品有通路可以幫忙，對方有新武器可以打贏競爭者。	．新產品在通路上的企劃案。 ．對銷量與通路業績有很大幫助。 ．獲利的大約數字與佐證資料。		
選項	．價格。 ．銷量。 ．行銷費用共同投入。 ．派遣我方業務人員協助現場。	．合理進價。 ．銷量回貨。 ．行銷費用補貼贈品。		
標準	．之前業界標準。 ．合作案例。 ．提出合約佐證。	．六折進貨。 ．同折數。		

表 5　談判思考的過程

	分析	規劃	討論	可行方案
問題				
利益				
選項				
標準				

國家圖書館出版品預行編目（CIP）資料

哈佛這樣教談判力：增強優勢，談出利多人和的好結果／ Roger Fisher, William Ury, Bruce Patton 作；劉慧玉譯. -- 初版. -- 臺北市：遠流, 2013.07
面；　公分. --（實戰智慧館；415）
譯自：Getting to yes: negotiating agreement without giving in, 3rd ed., rev. ed.

ISBN 978-957-32-7224-3（平裝）

1. 談判 2. 談判策略

177.4　　102011126

實戰智慧館 415

哈佛這樣教談判力

——增強優勢，談出利多人和的好結果

作者：Roger Fisher, William Ury, and Bruce Patton
譯者：劉慧玉
主編：林淑慎
執行編輯：廖怡茜

發行人：王榮文
出版發行：遠流出版事業股份有限公司
104005 台北市中山北路一段 11 號 13 樓
郵撥／ 0189456-1
電話／ 2571-0297　傳真／ 2571-0197

著作權顧問：蕭雄淋律師
2013 年 7 月 1 日　初版一刷
2024 年 5 月 16 日　初版十六刷
售價新台幣 300 元（缺頁或破損的書，請寄回更換）

ISBN 978-957-32-7224-3　（英文版 ISBN 978-0-14-311875-6）

遠流博識網
http://www.ylib.com　E-mail: ylib@ylib.com